ODEON

Band 11

Nicolas Bouvier

Der Skorpionsfisch

Aus dem Französischen von
Barbara Erni

Ammann Verlag

Die Originalausgabe erschien 1981
unter dem Titel »Le Poisson-Scorpion«
im Verlag Bertil Galland, Vevey.
Die Übersetzung wurde für diese Ausgabe
neu durchgesehen.

Erste Auflage dieser Ausgabe
Im 20./21. Jahr des Ammann Verlags

Homepage: www.ammann.ch

Satz: Gaby Michel, Hamburg
Druck und Bindung: WS Bookwell, Porvoo, Finnland
ISBN 3-250-30011-X

Für Eliane
Thomas
Manuel

und für Claude Debussy,
diese sehr alte Geschichte

MAN KANN DOCH NICHT EINFACH SO KOMMEN UND GEHEN UND SCHWEIGEN

Kenneth White

I

Kap der Virgo

»Das Eine wurde aus der Hitze geboren, und in ihm erwachte die Liebe, die die erste Woche des Bewußtseins war.«

Rig-Vedas

Die Sonne und ich waren schon lange auf, als ich mich daran erinnerte, daß ich Geburtstag hatte und daß ich am Vorabend im letzten Bazar, durch den ich gekommen war, eine Melone gekauft hatte. Ich schenkte sie mir, putzte sie bis auf die Rinde aus und wusch mein verschmiertes Gesicht mit dem Rest Tee aus meiner Feldflasche.

Ich hatte durchgeschlafen neben dem Auto unter einem einsamen Pipalbaum mit Blick auf die gelben Dünen, die die Adamsstraße säumen, und auf das von weißen Wellenschäfchen bedeckte Meer. Die Fahrt durch Indien war wunderbar gewesen. Heute sollte ich also diesen Kontinent, den ich so geliebt hatte, verlassen. Der Morgen war von Vorzeichen erfüllt und leichter als eine Luftblase. Auf alle seine Anträge war die Antwort: Ja. Ich packte mechanisch, während ich den schlanken schwarzen, mit einem karminroten Tuch behosten Silhouetten zuschaute, die sich eifrig um eine kleine Zuckermühle zu schaffen machten, einen Steinwurf von meinem Biwak entfernt. Eine junge Frau mit einem gleich roten Sarong brachte ihnen ihr Mahl. Ich hatte die Hand über die Augen gelegt, um besser ihre prächtigen nackten Brüste im funkelnden Licht zu sehen. Durch die Brandung hörte ich die warmen, eiligen Stimmen und das Knarren der Holzkalander. Die Zeit war angehalten. In dieser anmutigen Anordnung von Echos, Licht und farbigen tanzenden Schatten lag eine souveräne und flüchtige Perfektion und eine Musik, die ich wiedererkannte. Die Leier von Orpheus oder die Flöte von Krishna. Die dann ertönt, wenn die Welt in ihrer ursprünglichen Transparenz und Einfachheit erscheint. Wer sie auch nur einmal gehört hat, wird nie mehr davon genesen.

Sechzig Kilometer vor dem Kap hört die Straße einfach im Sand auf wie jemand, der findet, er habe genug gesagt. Man sieht dann eine Bretterhütte, die so wenig nach einem Bahnhof aussieht, daß kein Führer sie je erwähnt. Und ein kleiner Zug mit Spurweite Decauville, ganz aus hartem Holz und Messing, patiniert wie ein Kessel von den Handflächen, den Hintern und den kleinen Zigarren der Reisenden. Ganz schwarz auch meine Nachbarn: Parias, Saisonarbeiter, die zu den Pflanzungen der Insel reisten, sie hockten zwischen ihren Bündeln aus geblümter Baumwolle und ihren Stelzbeinen, die ihr Gesicht einrahmten. Da ich wenig Platz einnahm und ihre Pakete nicht zerdrückte, fragte mich der mutigste auf Englisch, ob ich Inder aus Nepal sei. Indien ist groß – siebzehn Alphabete, mehr als dreihundert

Dialekte –, man kennt sich da nicht aus. Ich war gebräunt, gesalzen wie ein Fladenkuchen, auch ein bißchen schrumpelig von der Gelbsucht. Bevor ich antworten konnte, hatten sie mich schon vergessen. Sie zeigten jetzt alle das gleiche verwirrte und fügsame Lächeln wegen dieser Grenze, die nahte und die es zu überschreiten galt mit abgelaufenen, zurechtgefälschten, vom Schweiß gegerbten Papieren. An der Endstation vom Kap der Virgo wandten sie sich in Viererkolonne den in der Mittagshitze dampfenden Baracken zu. Ich stand wie sie Schlange, um meinen Paß abstempeln zu lassen. Wenn ich mir den Hals ausrenkte, konnte ich im blauen Schatten des Hangars einen tamilischen Krankenpfleger sehen, der daran war, diese ganze Schar mit einer graduierten Spritze, groß wie eine Saugflasche, zu impfen. Bei jedem Patienten wechselte er die Nadel und spritzte dessen Dosis nach freiem Ermessen. Keine Spritze, kein Visum. Ich brauchte sie zweifellos nicht, aber was ist eine Spritze gegen eine Auseinandersetzung mit einem südindischen Beamten. Wegen meiner Augenfarbe und damit ich mich nachher nicht beklage, bediente mich der Pfleger großzügig: dreimal die Dosis meines Nachbarn. Beim Serum ist's wie beim Geld: man gibt nur den Reichen. Mindestens zehn Jahre Immunität. Wogegen? Das kümmerte mich nicht. Ich hatte zwei Jahre Reisen in den Adern, und das Glück macht eitel. Ich mußte noch lernen. Allmählich.

Die Prospekte behaupten, daß die Insel ein Smaragd am Halse des Subkontinents sei.

Das Arkadien der viktorianischen Hochzeitsreisen,

die Epoche gemacht haben. Ein Paradies für Insektenforscher. Eine Gelegenheit, den »grünen Strahl« zu günstigen Preisen zu sehen.

Von mir aus. Aber dreitausend Jahre vor Baedeker waren die arischen Rituale ein bißchen verhaltener. Die Insel ist ein Aufenthaltsort der Magier, der Zauberer, der Dämonen. Sie ist ein rußiger Edelstein, der unter dem Einfluß schlechter Planeten aus dem Ozean aufgestiegen ist. Und mehrere Stellen, die sie erwähnen, werden vorsichtig eingeführt und abgeschlossen durch die Formel:

Gifte des Ichneumons
der Muräne
und des Skorpions
gegen Süden gewandt
dreimal verwandle ich euch in Wasser.

Wir werden ja sehen.

II

Der Zollbeamte

Die Naturstraße, die nach Murunkan führte, schlängelte sich zwischen den von früheren Dynastien gebauten Bewässerungsbecken durch. Die Bäume, die diese eigenartige Anlage von Staubecken und Schleusen überlebt hatten, sind schon lange tot, und ihre glatten Skelette gestikulieren heute über dem schwarzen Wasser. Hier und da zittert der mauve Fleck einer Bougainvillea im Mittagsdunst. Nicht genug, um eine Landschaft zu machen: diese Fläche von zersplitterten, stummen, blinden Spiegeln ist eher wie eine Gedächtnislücke oder ein auf einen unsichtbaren Mund gelegter Finger.

Wegen der Cassissträucher fuhr ich ganz langsam. Auf den moosigen Steinen lüpften die Wasserschildkröten ihren flachen Kopf, um das Auto vorbeifahren zu sehen. Die Straße war fast leer. In einer Stunde hatte ich nur einen ausgemergelten Bauern gesehen, der mit gespreizten Zehen am Straßenrand trabte; auf dem Kopf trug er eine grüne Frucht, deren Geruch so beleidigend und deren Größe so ungehörig war, daß man sich fragte, ob es sich um einen plumpen Schwindel handle oder um ein Komödienrequisit. Ich dachte schon, ich hätte mich verfahren, und wollte gerade umkehren, als ich durch den Schweiß, der mir in den Augen brannte, einen langen goldenen Lichtstrahl sah, der von einer mitten auf der Straße aufgepflanzten wichtigen Gestalt ausging. Es war ein großer, nach Atem ringender Kerl mit aus den Ohren sprossenden Haaren, in einer tadellos gebügelten Zöllneruniform. Er fragte mich augenrollend, ob ich nach Negombo fahre. Er hielt einen Schwertfisch mit noch frischen Augen unter dem Arm, so schwer, daß er ihn in die Knie drückte, und verstaute ihn hinten im Auto, ohne auf meine Antwort zu warten. Ich hatte da ein großes nepalesisches Messer, das er ungeniert befingerte.

»Strict-ly-for-bid-den-to-have-this-kind-of-weapon-on-the-Island«, sagte er mit jenem Akzent der Leute aus dem Süden, wo das Englische nur so knackt. Diese Annäherung war taktlos, und ich gab zurück, daß es ebenfalls verboten sei, mit einem großen stinkenden Fisch, den man nicht bezahlt hat, in mein Auto zu steigen. Nach zwei Jahren Asien wußte ich so langsam, wie die Zöllner ihre Pfanne füllen. Es hätte mehr gebraucht, um ihn aus der Fassung zu bringen. Er war bereit, den Scherz nach seinem Geschmack zu finden, richtete ein nachsichtiges Lächeln an mich und schickte sich an, seine gewichtige Person auf dem Beifahrersitz zu installieren. Der nicht stöhnte. Mehr noch als von seiner wirklichen Beleibtheit kam seine Korpulenz von der äußerst schmeichelhaften Meinung, die er von sich zu haben schien. Er hatte den Rückspiegel in seine Richtung gedreht und zog seinen Scheitel mit einem Taschenkamm nach. Ich war nicht unzufrieden, diesen Gecken zur Hand zu haben, und sagte ihm ohne Schonung, was man von seinen Kollegen auf dem Kontinent zu halten habe:

total unfähig, schikanöse Kerle, umständlich, Dummheit verschwendend – sogar mit Dummheit muß man sparsam umgehen – und unnötige Formulare, die man in Quadrate geschnitten eine Stunde, nachdem man sie ausgefüllt hatte, in den Latrinen wiederfand. Während ich meine Schimpftirade auf ihn losließ, beobachtete ich ihn aus den Augenwinkeln. Sein Kopf wackelte: ganz von sich eingenommen, hörte er überhaupt nicht zu. Nur das Wort *Zollbeamter* war bis zu ihm durchgedrungen.

»Sie haben ganz recht«, sagte er mir, »wirklich ausgezeichnete Leute. Hier, werden Sie sehen, ist es noch besser; alles sauber, gut genährt, zuvorkommend.«

Die Bescheidenheit hinderte ihn daran, sich selbst als Beispiel zu zitieren, aber ich wußte nicht, was für ein Glück ich hatte, auf eine so hervorragende Person gestoßen zu sein. Und das an meinem ersten Tag auf der Insel! Er war geradezu überwältigt von diesem glücklichen Zufall. Hatte man mir gesagt, daß ich ein Glückspilz sei? Auf dem Posten von Negombo, den er mit den Familien seiner Kollegen teilte, würde seine Frau – »eine Schönheit«, präzisierte er nebenbei – einen Curry zubereiten, an den ich mich zeitlebens erinnern würde, und wenn ich hundert Jahre leben sollte. Sein Englisch war wie er, pompös, geschwollen, umständlich. Ich dankte ihm für seine Großzügigkeit. Ich fügte bei, ich liebte zwar den Curry, aber der aus dem Süden sei doch ein wenig zu scharf für meinen Gaumen. Bemerkung, die das gleiche Schicksal hatte wie die von vorher.

»Der stärkste Curry, den Sie je gegessen haben!«

Schlußfolgerung, begleitet von einem Menschenfresserlachen und einem Klaps auf meine Schenkel. Dann begann er vor sich hin zu summen wie ein Wasserkessel, ganz berauscht von seiner Großzügigkeit. Ich hoffte einen Moment, er würde davonfliegen.

Die Gegend war jetzt anders. Die Straße war nur noch ein tiefer Einschnitt zwischen zwei Wänden von grünem Dschungel, der vom geraden Flug der Papageien wie von Armbrustpfeilen durchschnitten wurde. Ich fuhr träge im Zickzack zwischen Haufen von frischen, dampfenden Elefantenäpfeln durch, groß wie Bienenstöcke. Ich fragte mich unvermittelt, ob mein Passagier mit seiner ganzen Aufgeblasenheit so etwas auch zustande bringen könnte, stellte ihn mir vor, wie er, die Stirn vor Anstrengung gerunzelt, auf der Straße hockte, und fing ganz alleine an zu lachen, während er mich mit einem perplexen und argwöhnischen Blick betrachtete.

Negombo, am Ende des Nachmittags

Helle, leichte, weit zerstreute Bungalows. Dächer mit glasierten Ziegeln. Kleine verblühte Barockkirchen unter den hohen Federbüschen der Kokospalmen. An der Meeresfront umgab ein Netz von Kanälen ein altes sternförmiges Fort, dessen lederfarbene Vorfelder in zimtenem Licht glänzten. Aufgeregtes Schreien unsichtbarer Kinder und im blassen Himmel wie Flecken auf der Netzhaut drei hin und wieder auftauchende Drachen, die das Ganze nach oben zogen.

Der Posten war eine große bucklige Strohhütte, geschwärzt wie eine Pfeife, am Rand einer breiten Korallenlagune, halb auf Pfählen gebaut.

Die Frau des Zollbeamten: ein kleines, eigensinniges und zungenfertiges Frauenzimmer, stand solid und kampfbereit auf ihren Absätzen. Seine Selbstsicherheit war verschwunden, als es darum ging, mich vorzustellen. Sie überhäufte ihn gleich mit Vorwürfen in vehementem Tamil, ohne daß ich ausmachen konnte, wer, der Schwertfisch oder ich, sie in solchen Zorn versetzte. Beide zweifelsohne: sie musterte mich mit ärgerlich schmollendem Gesicht, als ob sie sich sagte: »Wieder so ein Fund von meinem alten Tölpel.« Er gab klein bei; die beiden Daumen, die er in seinen Gürtel gesteckt hatte wie d'Artagnan, gaben ihm kaum etwas Haltung. Ich verdächtigte ihn, mich als einen Schmarotzer ausgegeben zu haben, dessen er sich nicht hatte entledigen können. Das kümmerte mich wenig; sein Debakel belustigte mich, und die Lust zu lachen überkam mich wieder. Als sie merkte, daß wir uns beide über ihn lustig machten und daß ich ein wenig in ihre Bluse schielte, änderte die kleine Frau plötzlich ihre Haltung und lud mich mit einem sehr liebenswürdigen Lächeln zum Essen und Übernachten ein. Ihr Curry hielt, was er versprochen hatte. Bin vom Tisch gegangen mit glühendem Gaumen, flammenspeienden Nüstern, dröhnenden Schläfen. Gewaschen über einem verbeulten Eimer im schwindelerregenden Reigen der Küchenschaben, dann führte mich die kleine Frau bis zu meinem Bett, einem großen Schaukelstuhl aus Rohr auf der Veranda mit

Sicht auf die Bucht, wo ich nur meinen Schlafsack auszubreiten hatte.

Die Nacht war königlich, das Meer unbeweglich und lautlos. Einige Schritte entfernt saß ein Pfau auf der Balustrade und schlief, den Kopf unter dem Flügel. Von Zeit zu Zeit durchlief ein Zittern sein Gefieder vom Kopf bis zu den Augen der Schwanzfedern, wie wenn er sich mit einem schlechten Traum herumschlagen würde. Das Zimmer hinter mir war lärmiger als ein Vogelhaus. Der Zöllner und seine Kollegen spielten Domino im Licht einer Petroleumlampe, ohne dabei das Trinken zu vergessen. Die Gesellschaft begann abzudriften, und ein kindisches und schrilles Lachen begrüßte jeden Doppelsechser. Wenn einer der Spieler aufstand, um seine Blase zu erleichtern, sah ich einen riesigen Schatten vor mir auf der Veranda schwanken. Fieber – Impfungen des Vortages oder Malariarückfall – und der Tanz der Leuchtkäfer über meinem Kopf machten mich schwindlig. Einer dieser Momente, da der Reisende vor Müdigkeit den Verstand verliert. Ich phantasierte ein wenig herum und fragte mich, was ich eigentlich hier machte. Dieser Pfau ebenfalls, ich schaute ihn an und witterte ich weiß nicht was für eine Täuschung. Trotz dieses Rads und seines unerträglichen Schreis ist ein Pfau unwirklich. Eher als ein Tier ist er ein in der moghulischen Miniatur erfundenes und von den Dekorateuren um 1900 wieder aufgegriffenes Motiv. Sogar wild lebend – ich hatte ganze Herden davon auf den Straßen von Dekkan gesehen – ist er nicht glaubhaft. Sein schwerer, flacher Flug ist ein Jammer. Man hat immer den Eindruck, daß er sich gleich aufspießen wird. Auch bei voller Geschwindigkeit erhebt er sich kaum auf Brusthöhe, wie wenn er diese Natur, in die er sich verirrt hat, nicht verlassen könnte. Man spürt gut, daß es sein Schicksal ist, riesige Pasteten zu zieren, woraus leierspielende Zwerge mit glöckchenbehängten Narrenkappen schlüpfen. Ich werde sterben, ohne zu begreifen, warum Linné ihn in seine Klassifikation aufgenommen hat...

Dahinten war die Lampe ausgeblasen worden. Ein mächtiges, regelmäßiges, von Currydüften durchzogenes Schnarchen stieg zu den Sternen auf. Ich war glücklich, allein zu sein, ich mußte wieder zu mir kommen. Ich fühlte mich so fremd wie schon lange nicht mehr. Während zwei Jahren hatte mir die »kontinentale Kontinuität« als roter Faden gedient. Die Landschaft, die Visagen, der Akzent, die Größe der Zwiebeln, der Duft der Fladenkuchen hatten sich nie ohne Vorwarnung verändert. Die tausend Einzelheiten, die ein Land ausmachen, dem Reiseweg entlang aufgereiht, bilden eine diskrete, geflüsterte, stimmige Lektion, die ich mir hundertmal wiederholt hatte, vorwärts und rückwärts. Die blassen Grün- und Brauntöne der Karte söhnten den Traum und die Pädagogik miteinander aus. Wo gehen wir morgen hin? Ich hatte diese Schule ohne Lügen liebgewonnen, und ohne die Verbote der Politik wäre ich ostwärts durch Burma und den Süden Chinas weitergereist. Gestern hatte ich die ausgebreitete Geographie und dic große Lunge Indiens verlassen. Heute abend war ich auf einer Insel. Ich hatte keine Erfahrung mit Inseln, die die Probleme auf ihre Weise stellen und lösen. Was man auf eine Insel mitbringt, ist Verwandlungen unterworfen. Eine Insel ist wie ein auf einen unsichtbaren Mund gelegter Finger, und man weiß seit Odysseus, daß die Zeit da nicht wie anderswo abläuft. Darauf achten, nicht wie eine Patrone in einem verrosteten Lauf steckenzubleiben. Das Auto bis Penang oder Singapur zu verladen würde mich ein Vermögen kosten, und ich wußte noch nicht, wie mein Leben hier aussehen würde. Es war März. Ich hatte die letzte Weihnacht mit einer Sturmlaterne neben dem Auto verbracht, auf der Straße nach Shivpuri, umgeben von kleinen, frechen grauen Affen, die mir an den Hemdschößen zogen. Ich fragte mich, wo ich die nächste verbringen würde. Das Knarren des Schaukelstuhls hinderte mich am Einschlafen. Der Curry hatte meinen Bauch in Brand gesteckt, und die kleine Frau war nicht zu mir gekommen, wie ihr knochiger, brennender Fuß, der mir die ganze Mahlzeit lang ans Bein gehämmert hatte, hoffen ließ. Ich wiederholte für mich den Vers aus »Chantefable«

Der Hecht
macht ein Projekt,
daß er sehen will
den Ganges und den Nil
und den Yang-tse-kiang ...

und gerade vor dem Einschlafen kam mir jener andere Vers von Desnos in den Sinn: *das Schloß geht zu und wird zum Gefängnis.*

III

Galle

Sosehr er mir auch postlagernd von Ort zu Ort versicherte, sie seien hier glücklich, sah ich doch, wie diese mir so vertraute Schrift in der Verzückung schlechter wurde. Sie ist fiebrig, unregelmäßig, wie gedehnt durch die Hitze. Sie deutet auf eine stechende Leber und einen besorgten Geist hin. Der Brief, den ich sicher zwanzigmal gelesen habe, ist ein Blatt Toilettenpapier mit einem miesen Wasserzeichen und einem Plan. Es heißt da: »Du kommst von da, von Norden (seit Baktrien, monatelang schon komme ich von da, von Norden), du folgst der gestrichelten Linie, du trittst in die Umwallung, du folgst der gestrichelten Linie.« Weiter. Oben auf der Skizze war zu lesen:

TALFAHRT

Sie ist unbedeutend: gerade genug, den Motor im Leerlauf zu lassen, um besser die Augen öffnen und die Ohren spitzen zu können. Das Vergnügen dauern lassen; seit Monaten schon versuche ich mir diesen Aufenthalt und diesen Ort vorzustellen.

BAHNHOF

Man sieht nur ein mohnrotes Ziegeldach, eine Gruppe hoher Kokospalmen und drei Rauchzeichen.

KLEINER FLUSS

Es ist ein Kanal mit stehendem Wasser zwischen zwei Ufern aus schwarzer und bröckeliger Erde, wo Tausende von Krebsen vor ihrem Loch hocken und mit ihrer rechten Zange die Luft mit suspekten Bewegungen nach Beute absuchen. Mich darüber kundig machen.

GROSSER RASENPLATZ

Dient als Fußballplatz und stößt an das Vorgelände eines Vauban-ähnlichen Forts. In der Mitte ein liegendes Zebu, dessen ganzes Hinterteil durch einen mistverpflasterten Gips bewegungsunfähig ist und das sich in der brütenden Hitze die Lungen aus dem Leib hustet. Es hat seinen Wasserkübel umgestoßen und hat nichts mehr zu trinken. Rechts, die Küste entlang nach Süden, ein kleiner Markt und eine kleine Ortschaft, wo Strohhütten ungeordnet und bedeutungslos in der Hitze dampfen.

Sagen wir eher: eine imposante Tür mit einem Wappen aus Stein, auf dem sich zwei vom Meersalz zerfressene holländische Einhörner die Stirne bieten.

GROSSES HOTEL AUS BACKSTEINEN IM INNERN DES FORTS

Eine große rosa viktorianische Bonbonniere, die ihren Glanz verloren hat, gespenstisch mit ihren Dienern in weißen Röcken, dünner als Bohnen, mit ihren Ventilatoren aus Mahagoni, die einen verstorbenen Traum durchwirbeln. Auch mal dort träumen gehen, wenn ich wieder bei Kasse bin.

Dann liest man (da ist die Schrift geradezu schlecht):

LANGE GEBÄUDE MIT VORHALLEN

Sind die verlassenen Lagerhallen der ehemaligen »Oost Indischen Companiee«, wo man die Schildkrötenpanzer, das Zitronellöl und das Indigoholz aufbewahrte. Ein Dutzend kleine schwarze Ziegen und einige ausgemergelte Kinder tollen herum, rennen einander nach und schreien sich in diesem Schutt heiser.

Ja, mit dickem, schneidendem, gemeinem Gras. Von da aus sieht man die Häuserreihen des Forts, eng, mit majolikafarbenem Verputz, um eine barocke Kirche geschart.

GUEST HOUSE, 22 HOSPITAL STREET,
Bei uns zu Hause

Auf dem Plan ein stark schraffiertes Viereck. Ein Ausrufezeichen. Die Herberge steht gegenüber einem riesigen Banyanbaum, einem blendendweißen Leuchtturm und dem Meer, das ohne weiteren Kommentar geradewegs zum Südpol geht.

Sie sind seit einigen Monaten auf der Insel, wohnen hier seit einigen Wochen und haben da vor zehn Tagen geheiratet. Dieses »bei uns zu Hause« könnte mich zum Weinen bringen. Paul und Virginie.

Ich habe den Motor abgestellt, auf die Hupe gedrückt, und der Wirt ist unter die Tür gekommen wie eine Grille an den Rand ihres Lochs. Er hatte seinen Haarknoten aufgemacht, um eine schwarze gewellte Haarflut zu bürsten, die ihm bis zu den Hüften reichte. Hinter dieser wallenden Dämonenmähne sah ich ein kleines, sittsames, verschlafenes Gesicht und zwei schwarze schwimmende Augen, die mich aufmerksam beobachteten. Mit seinem eng geschlungenen Sarong sah er ganz aus wie eine rußgeschwärzte jungfräuliche Märtyrerin auf einem flämischen Altarbild. Noch einige Bürstenstriche, dann steckte er die Bürste in den Gürtel, legte die Hände auf indische Art zusammen, verbeugte sich und murmelte: »Such a fearless gentleman.« Meine Freunde – wo sind sie übrigens? – haben sicher ein wenig mit meinen tollen Abenteuern übertrieben. Von der Krankheit abgesehen, war diese Reise ein Vergnügen.

So genau ihr Plan auch war, er ist nicht vollständig. Auf dem »grasbewachsenen Platz« werden Sie ein schreckliches kleines, von Betelspucke gerötetes Spital finden, aus dem sogar zur Zeit der Siesta und der Apathie ein ständiges Klagen aufsteigt. Malaria, Frambösie, Bilharziose, Amöbenruhr, blutunterlaufene Augen und zitternde Gerippe. Es wird von einer Tafel angekündigt, deren krummer Pfosten die Inschrift »Ruhezone« trägt. Was ich im Vorbeigehen zur Kenntnis genommen hatte, ohne weiter darüber nachzudenken, ganz berauscht von dem, was ich heute wohl meine Jugend nennen kann. In der Geographie wie im Leben kann es einem unvorsichtigen Vagabunden passieren, daß er in eine Ruhezone gerät, in eine dieser Windstillen, wo die hängenden Segel eine ganze Mannschaft dem Wahnsinn oder dem Skorbut ausliefern. Selten gibt sich jemand die Mühe, davor zu warnen.

IV

Das hundertsiebzehnte Zimmer

Ende März

Ich habe heute morgen das Zimmer meiner Freunde übernommen. Sie haben drei Monate hier verbracht und in der neuen Liebe, in verrückten Farben und im Lachen gemalt, haben in der Hauptstadt bei allgemeiner Gleichgültigkeit und Desinteresse ausgestellt, sind wieder nach Europa zurückgekehrt, vom Klima geschlaucht, um in unseren dumpfen Kantonen mit ihrem schönen Gras die hier geernteten bunten Schätze ins Trockene zu bringen. Bevor sie verfaulen. Sind abgemagert weggefahren, mit gelbgestreiften Augen, mit den Nerven am Ende. Sie haben mir als Wegzehrung dagelassen:

– Ein kleines Bild, wo ein Dampfer abhaut, der ein mütterliches Heck schwenkt und mit Schwarz und Siena dick umrandete Kamine schaukelt, so wie man sie sehen wird, solange ein Kind einen Farbstift halten kann.

– Drei Nummern von »Paris-Match« und ein noch grünes Büschel Bananen, das an der Wand hängt, an einem Nagel, der so stark und viereckig ist, daß er dieser vierte Nagel vom Kreuz sein könnte, den manche gefunden zu haben sich rühmen.

– Eine illustrierte Karte ihrer Badeplätze mit Riesenschildkröten, Sirenen, Delphinen, um die mich Flint und Morgan beneiden könnten.

– Eine Liste von Adressen, Beziehungen, »vielversprechenden« Freunden: endlose Namen, wo die Ws wie Wespen surren und wo wahrscheinlich nicht viel dahinterstand. Es geschieht zu oft hier, daß sich das Klima – oder die Armut – zwischen Wollen und Handeln stellt und gewinnt.

– Einen Primuskocher und eine Petroleumlampe, deren Kompaktheit und gedrungenes Profil eine wahre Wohltat sind.

Wie wird mir ihre Gesellschaft fehlen! Gott segne sie!

Ich kann heute morgen den Plan, der mich vor einigen Wochen bis zu dieser Herberge geführt hatte, ergänzen.

Man geht über die Veranda, die der Seewind mit feinem Sand überstreut. Man steigt rechts die hölzerne Wendeltreppe hoch. Sie hat fünf Stufen; die letzte knarrt, und ich weiß, daß ich sie nicht oft werde knarren hören, solange ich hier lebe. Da ist es, von jetzt an ist es da.

»Haben Sie ein billiges Zimmer,
meine Schöne?
Es kostet weniger als die Sonne,
mein Freund!
Wanzen?
Massen von Wanzen, Gott sei Dank!«

Dylan Thomas

Das Zimmer kostet eine Rupie pro Tag. Die Sonne kostet nichts: sie erhellt es, spaziert darin herum, kentert an Wänden, die mit einem unsagbaren Ultramarin verputzt sind, das die Feuchtigkeit mit dunklen Flecken schmückt. Was unsere gemeine Bettwanze betrifft *(Cimex lectularius)*, so hat die Natur sie nicht gut genug ausgestattet, um dem, was sie hier erwartet, zu trotzen. »Gott sei Dank!«

Acht Schritte lang, vier breit. Eine schwarz patinierte Diele. Die rauchgeschwärzten Pfosten, die in der Dunkelheit des Daches verschwinden, erinnern an einen umgestürzten Schiffskiel oder an das Gerüst eines kleinen abgebrannten Theaters. Ein Balkon unter einem kleinen Vordach aus glasierten Ziegeln, von wo man den Innenhof mit seinem Brunnen sieht, das Rückgrat eines Daches, das langsame und so beunruhigende Kippen des Meereshorizonts.

Das Bett ist ein mit Stricken bespannter Rahmen. Ein Tisch mit Schublade, ein Stuhl, ein Gestell und darauf ein handgroßer Buddha, dessen aufmerksames Gesicht halb zerfressen ist. Das ist alles. Es ist sauber, feierlich, rätselhaft und scheint mir zu dem Wenigen, aus dem mein Leben hier bestehen wird, ganz zu passen.

Sich in einem Zimmer einzurichten, für eine Woche, einen Monat, ein Jahr, ist eine rituelle Handlung, von der viel abhängen wird und deren man sich nicht mit wirrem Kopf entledigen soll. Nicht eine gesunde Schlichtheit vollstopfen, sondern seine Eingriffe beschränken, vor allem nicht die Beziehungen der Farben zueinander durcheinanderbringen. In einem Zimmer, das seinen Namen verdient, haben die Farben sich Zeit genommen, sich zu äußern, und sind durch Abnützung und gegenseitiges Mitgefühl in einen erwünschten und fruchtbaren Dialog getreten. Hier sind dieses Blau und dieses Schwarz zu etwas gekommen, das nichts dem Zufall verdankt. Ich habe mein weniges Gepäck auf den Zehenspitzen ausgepackt. Mein lavendelfarbener verschossener Schlafsack macht sich gut auf dem Bett. In die dunkelste Ecke, da wo die Treppe heraufkommt, habe ich die Gitarre hingestellt, die dieser Anordnung einen Hauch von heller Havannafröhlichkeit und Kubismus gibt. Über dem Tisch einen großen Bogen weißes Papier angeheftet. Ich notiere gern stehend mit einem Bleistift mit dicker Mine, wenn mich unverhofft eine Idee überkommt. Den Dampfer weggenommen, der in die falsche Richtung fährt, und an seine Stelle das Photo des Christus aus Goa gehängt, das ich vor langer Zeit aus einer indischen Kulturzeitschrift herausgerissen habe. Die Dornen sind daumenlang; er ist ganz schwarz von Blut, Zweifel und Sorgen, gerade vor dem »Eli, lema, sabachthani«. Ein wenig portugiesisch-katholische Tragik ist nicht zuviel: ich brauche Schutz, und dieser kleine, schlaue Buddha kann sich nicht um alles kümmern. Die nackte Glühbirne an ihrem Draht ist nicht heller als eine reife Mangofrucht und pendelt armselig. Um sie zu bekleiden, kaufte ich im Bazar einen Lampion – der da noch vom buddhistischen Neujahr übriggeblieben war – in Form eines Pfaus. Bei meiner Rückkehr fand ich auf dem Gestell einen Krebs, rosa wie eine Wange, weit abgeirrt von der heimatlichen Kokospalme oder vom Abwasserkanal, der mich mit seiner großen Schere frenetisch grüßte. Ich setzte ihn oben auf die Treppe, die er im Zickzack hinunterstieg, unaufhörlich gestikulierend, wie wenn das nun wirklich zu weit ginge.

Ich schreibe jetzt unter diesem blauen Vogel mit der gelbgestreiften Brust, der nur sich selbst erhellt. Beim Licht des Petroleums. Einen Krug schwarzen Tee griffbereit. Gut installiert, um mich fröhlich abzurackern und zu warten, bis die Gesundheit zurückkehrt. Ich habe für drei Monate Geld und das Leben noch vor mir. Es liegt an mir, ihm Angebote zu machen. Ich kann meine Inventur der Welt irgendwo und irgendwann beginnen. Die bosnische Musik, der Große Moghul, Gobineau oder die Wespen von Kandahar, die wilden Tulpen des kurdischen Frühlings oder Montaigne. Ich habe dieses ganze videokulturelle Durcheinander durch Alchemie in diesem Brutofen umzuwandeln.

Warum nicht mit Montaigne beginnen: ich brauche Vertraute, um alles, was mir hier noch entgeht, aufzuwiegen. Holen wir ihn ein wenig nach diesem Ostindien, um das er sich nie gekümmert hat, besorgt, wie er war, wegen der spanischen Untaten in Amerika und dem bedauernswerten Montezuma. Erinnern wir ihn an jene jüdische portugiesische Mutter, die er unterschlägt und deren Familie sicher bis zum Hals in Ostindien, den Gewürznelken und in der Geschäftemacherei steckte. Da ist er nun, Korianderkörner knabbernd, das Wams voll Curryflecken, die Wangen hohl vom Gelbfieber. Was hätte er nicht alles über die Greueltaten des Albuquerque geschrieben, von seiner indischen Konkubine mit dem Löffel gefüttert, im Lärm einer olivfarbigen Kinderschar! Er ist überdies ein universaler Mensch, unverwüstlich heiter, bei all seinen illusionslosen Feststellungen. Nicht eine Seite, auf der man ihn nicht beim Spott ertappt. Ich habe aus meinem Koffer die erste englische Übersetzung der »Essais« von Floriot (1610) geholt und ein Taschenwörterbuch, das solider ist als eine Bibel, nur sein Einband ist von der Feuchtigkeit verzogen. Es öffnet sich von selbst auf denselben beiden Seiten, und zwei Wörter – oben links, wo das Auge anfängt – habe ich so ungewollt gelernt und werde sie zweifellos nie brauchen.

S. 246. BREAD-POULTICE Ein Kataplasma aus Brotkrumen. Die Erinnerung daran ist bestimmt schon vor dem Tode von Dickens verlorengegangen.

S. 342. HOLLYHOCKS Stockrosen

So, das hätten wir geschafft!

Wenn man dem Vorwort glaubt, wurde dieser Floriot – florentinischer Philologie mit großem Wissen, nach England ausgewandert – von seinen Kollegen gar nicht geschätzt. Beginn des Oxforddünkels. Sie hielten ihn für einen gelackten Angeber und antworteten bestimmt auf seine Fragen einfach mit Räuspern. Aber das ist mir ja nicht so wichtig, er gefällt mir, so wie er war, vor allem unter diesem starken »Murray-and-sons«-Leineneinband, der vom Schimmel befallen ist. Sein Englisch ist so kräftig wie wilde Rosen, und die beiden Sprachen waren damals viel wärmer und verschwistert, wie sie es heute nicht mehr sind. Macht sich über die Philosophen lustig. »Will they not seek the quadrature of the circle even upon their wives!« (Ob die nicht sogar noch auf ihren Weibern hockend nach der Quadratur des Kreises suchen.)

Ich machte mich an die Arbeit, eine Lache Schweiß unter jedem Ellbogen, und ich wußte wohl, daß ich mogelte, daß ich Angst hatte, daß ich mich wie Odysseus am Mast festband. Es handelt sich um etwas anderes hier. Die Nacht war gefüllt von Trägheit und von einer Stille, die nur vom kurzen Galopp der Ziegen, die die Bastionen abgrasen, unterbrochen wurde oder vom Summen ich weiß nicht welchen Biests in meinem Dachstuhl. Um mir Mut zu machen und meinen Köcher zu füllen, zählte ich die Zimmer, in denen ich seit meiner Abfahrt gewesen bin. Dies ist das hundertsiebzehnte. Das nächste könnte lange warten, an die Reihe zu kommen. Man muß wohl von Zeit zu Zeit innehalten, um zu lernen, seine Musik zu machen, ein wenig seine Flügeldecken zum Singen zu bringen, nicht wahr?

V

Die Hauptstadt

Bevor unsere Handelsniederlassungen, unsere Plünderungen, unsere hochbordigen Schiffe diesen Hafen und diese Stadt gemacht haben, war hier nur ein Marktflecken von akrobatischen Kokosnußpflückern, von Fischern, die vom Meeresschaum in den Himmel geschleudert wurden, und von Zimthausierern unter dem Hirtenstab eines Pastors der Holländischen Kirche, der eine Perücke trug und sich sicher mit Quecksilber zu heilen versuchte. Die alten Chroniken erwähnen sie nicht. Kein Heiliger hat sich je nach ihr umgewandt. Kein Genie hat sie zu seinem Schlupfwinkel gemacht. Es ist also kaum ein Ort: nur die Schiffe vor Anker und die Sirenen der Schleppdampfer, die sich so tief wie die Stille zwischen den Wassermelonen- und Mangopyramiden mit ihrem betäubenden Geruch durchwinden, geben ihr etwas Nostalgie und Wirklichkeit. Man könnte sie einfach wegpusten und zum Verschwinden bringen, ohne daß jemand – jedenfalls nicht ich – etwas dagegen hätte. Es würden auf dem Boden einige schäbige Kirchen übrigbleiben, Dagoben in Form von Geiereiern, Lastelefanten, die Baumstümpfe tragen mit ihrem Ausdruck von frustriertem Vieh und von Das-soll-mir-nicht-wieder-Passieren, und die Gebäude der alten Kolonialmacht: Gericht, Banken, Zollamt.

Und doch ist es die Hauptstadt, wo bis jetzt alle meine Bemühungen gescheitert sind: die japanische Botschaft ist geschlossen für ein »Blütenfest«, die französische Schiffahrtsgesellschaft »Messageries« macht keine Überfahrt in den Osten mehr vor dem Herbst, und die Journalisten, die ich zu sehen wünschte, sind nicht zu den Verabredungen gekommen, die sie mit mir getroffen hatten. Unser neuer Konsul – er ist eben von Hongkong eingetroffen –, auf den ich ein wenig zählte, wurde am Tag seines Amtsantritts von einem Taxi umgefahren. Besuchte ihn im Spital. Mehrfache Brüche. Er war in seine Bandagen gewickelt wie eine Pharaonenmumie, segelte unter Morphium, träumte von vorzeitiger Pensionierung, redete unzusammenhängendes Zeug über die Undankbarkeit von Bern und die Pilze des nördlichen Waadtlands.

Mein schäbiges Hotel ist viel zu teuer für das, was es mir bietet. Von meiner Mansarde aus sehe ich die Dächer aus glasierten Ziegeln und ein immenses Blättermeer voll Wasser, das sich gegen den tiefen Himmel kräuselt. Dumme Krähen spielen da in allen Ecken in einem unaufhörlichen Gekrächze. Schmachtende und arrogante Boys. Lange, von Bohnerwachs glänzende Korridore. Dunkle Müßiggänger, unbeweglich vor ihrer Schale Tee, während eine Fliegenfamilie eifrig von ihren Lippen zu ihren Augenbrauen wandert. Das Waschbecken speit einen rötlichen Wasserfaden; und die Hälfte der Kunden sind nicht an die »westlichen« Toiletten gewöhnt: sie verrichten ihre Notdurft aufs Geratewohl, kauern auf die Schüssel und verlassen sie würdevoll, überzeugt, daß ein Kastenloser nur auf ihren Weggang wartet, um sich »darum« zu kümmern. Sie irren sich: die Spuren ihrer Besuche türmen sich in Ringen auf der Klosettbrille, die aussieht wie ein Scherzartikelgebiß. Es wäre gescheiter gewesen, unter einem Baum zu schlafen, aber diesmal fehlte mir der Mut dazu, und ich habe weder die Courage, weiter hinunter zu steigen, noch die Mittel, weiter oben zu wohnen. Jede Stadt muß uns doch etwas beizubringen haben, aber ich verstehe nichts von dem, was mir hier gesungen wird. Ich finde in mir nur Unwillen und, zum ersten Mal seit langem, Angst vor dem morgigen Tag. Ich weiß nicht, wie die Gesprächspartner bannen, die sich mir entziehen, die Türen, die sich schließen, diese abwesende Hauptstadt in ihrem Brandgeruch, noch wie ich mich soviel Leere entgegenstellen soll mit dem wenigen, das ich geworden bin.

Mésalliance française

»Non, mon pauvre Monsieur, nicht das kleinste Stückchen ...« Er zieht plötzlich sein Kinn in die Schulter wie ein Buchfink und schaut mich von der Seite an. Seine Augen sind rund, nußbraun. Seine Stimme hoch. Es ist der Verantwortliche der Alliance française, dem ich meine Dienste anbiete, um von den Ländern oder Schriftstellern zu sprechen, die ich liebe. Ein alter Jüngling, sehr schick in seinem Hemd mit den vielen Taschen und seinen schwarz und weiß karierten Hosen.

Mein Land macht hier nur Geschäfte; Französisch ist meine Muttersprache, mein Ersuchen erscheint mir absolut gerechtfertigt. Es wird jedoch schlecht aufgenommen, weil zwei Brüder, Strolche, die bei ihm im letzten Monat einen Vortrag über Mexiko gehalten haben, ohne Vorwarnung abgehauen sind und in ihrem Hotel eine Rechnung hinterlassen haben, die der Direktor begleichen mußte, was seine Kasse ganz geleert hat. Es hat ihn alle Mühe gekostet, Paris dazu zu bringen, diese Geschichte zu schlucken. Er ent-ging-haar-scharf-der-Versetzung. Der Arme ist noch ganz zerknittert von dieser Taktlosigkeit, und man wird ihn nicht so bald wieder erwischen. Er zieht beim Sprechen seine Wangen ein und wirft manchmal brüsk die Hand im Gelenk nach hinten, als wolle er unsichtbare Spitzenmanschetten zurückstoßen. Daß für mich hier vieles unsichtbar ist, davon habe ich keine Mühe, mich zu überzeugen. Was mir jedoch klar erscheint, ist, daß ich schlecht gestartet bin. Durch einen ausgehängten Fensterladen sticht mir die Sonne direkt in die Augen, ich bin wacklig auf den Beinen wie ein Säufer, und die Galle stößt mir auf. Außerdem, wenn man seinem Geschwätz glauben will, kann er Reisende meiner Art nicht ausstehen, macht sich wenig aus Stendhal, Gobineau, Léautaud und ihresgleichen, und es geht ihm nichts über die seraphische Madame de Sévigné.

»Ich bekomme nicht einmal mehr genug, um meine Schreibmaschine reparieren zu lassen«, fügt er mit schriller Stimme bei, während er mit leichter Hand den Schlitten gegen den Anschlag schickt, der in der feuchtwarmen Luft klingelt. »Pauvre Monsieur« gefällt mir nur halb: ich bin kein Schmarotzer, und was ich anbiete, ist Arbeit. Auch wenn diese beiden zechprellenden Brüder hier schon abgerahmt haben, so haben sie doch meine Achtung. Wenn ich sie später wiederfinde – zwar gehe ich ihnen besser voraus –, machen wir aus diesem Wichtigtuer eine Lumpenpuppe, um Nadeln hineinzustecken. Im Moment habe ich den Mut nicht mehr, ihm meine Ware zu verkaufen. Übrigens, wenn ich diesen Kulturaffen so sehe, erscheinen mir seine Kommentare, Glossen und Beweihräucherungen verstorbener Schriftsteller plötzlich wie eine untergeordnete und sogar ein wenig suspekte Beschäftigung. Statt mich an diese Fetzen von Europa zu klammern, an dieses akademische Getue, wäre es besser, brav in meinen Brutofen zurückzukehren, die Augen zu öffnen, um den Dingen gerecht zu werden, die Ohren zu spitzen, um die Musik zu entziffern, welche alleine alles zusammenhält, und mich an den Werktisch zu setzen. Trotzdem, die Enttäuschung zieht mir den Magen zusammen: ich hoffte doch, zu etwas Geld und Freunden zu kommen in dieser Institution und sie mit einem Armvoll Bücher zu verlassen. Aber es kommt nicht in Frage, seine wertvollen Bücher in meinen fernen Schlupfwinkel mitzunehmen: er hat jetzt seine Vergeltung, er ist un-miß-ver-ständ-lich.

»Non, cher Monsieur, nicht das kleinste Stückchen . . .«

». . . Fliege« (ich habe auch La Fontaine gelesen)

»oder Regenwurm«, schloß er mit einem frischen Mädchenlachanfall, dann ließ er mich da sitzen, um tanzenden Schrittes essen zu gehen. Und ich hatte mich heute morgen beim Waschen schon mit ihm am Tisch gesehen, zwei Aufschneider vor einer verkorkten Flasche. Ich habe nicht die Absicht, ihn wiederzusehen. Meine hugenottische Erziehung, die fast einer halbseitigen Lähmung gleichkommt, verbietet mir leider Zechprellerei, aber es ist nicht verboten, krank zu sein, auch wenn es sich kaum schickt, davon zu sprechen. Ich steckte mir wohlerzogen zwei Finger in den Hals, pauvre Monsieur, und kotzte auf seinen Teppichboden, bevor ich mich wieder auf die Straße begab. Die heiße, lärmige, indiskrete, fast unwirkliche Straße, mit der ich nicht so recht wußte, was anzufangen, und auch nicht, wohin sie führte. Stadtviertel der Edelsteine. Hier und da hinter dem Lächeln, das die Schwelle der Steinschneider versperrt, hinter ihren winzigen Waagen schlafen, leuchten und funkeln im geheimen in Seidenpapier eingewickelte Rubine, Katzenaugen, Topase, Mondsteine. Diese Edelsteine, die ihre Schönheit geduldig im Dunkeln haben reifen lassen, sind ein Beispiel an Beständigkeit und Langsamkeit. Transparenz und Glanz durch Abnutzung. Sie verankern diese unbeständige Hauptstadt in einer linearen Zeit und geben ihr gerade genug Wirklichkeit, daß das Parlament da tagen kann, ohne zu verschwinden. Ließ mich in der Abenddämmerung bis zum Pressequartier treiben, um zu sehen, was mir die beste Buchhandlung der Stadt in französisch anbieten konnte: »La cousine Bette«, »Discours de Jaurès« und – Geheimnis des literarischen Trödels – »Kochkunst« von Brillat-Savarin. Und das auf einer Insel, wo der Pfeffer jeden anderen Geschmack abgetötet hat, schon bevor unser Jesuskind zwischen Spänen und Hobel spielte. Nicht genug für schlaflose Nächte. Aber etwas weiter, am Stand eines Trödlers, stieß ich auf »Insect life of India« von G. Th. Leffroy (V. C., F. E. S., F. Z. S.), Kalkutta 1907. Noch so ein Oberst im Ruhestand; er hat bestimmt seine Auszeichnungen in Khartum verdient, bevor er Schmetterlinge aufspießte. Ein dicker, in Leinen gebundener Band, der sicher durch viele Hände gegangen und unter einige Rikschas geraten ist, bevor er hier landete. Der Einband hat gehalten, die Nähte sind gut, er ist vollständig vom Titel bis zum Inhaltsverzeichnis. So wie die Dinge laufen und da ich fühle, daß sich mein Aufenthalt hier dahinziehen wird, werde ich es öfter mit Insekten als mit Menschen zu tun haben. Es ist dieser alte Lichtdruck, der von Leipzig bis Genf ausgezeichnete Resultate erzielte, den die bengalischen Drucker jedoch nicht ganz beherrscht zu haben scheinen. Die Klischees sind ein wenig unscharf, aber lesbar. Man schlägt den Band aufs Geratewohl auf: da ist ein großer Käfer von hinten, also im Gehrock, er steht auf den Hinterfüßen und schiebt etwas vor sich her. Was? Das Bild spiegelt unter der Azetylenlampe. Im Text auf der linken Seite kann man lesen »Sometimes they fly in the rains«. Ich konstatiere mit Genugtuung, daß G. Th. Leffroy wenigstens nicht kategorisch ist. Es widerstrebt ihm zu entscheiden, und er läßt diesen Insekten ihren freien Willen. Sollen sie also im Regen fliegen, wenn es ihnen danach ist. Werden wir je verstehen? Shall we ever meet again? Dieses ständige Infragestellen ist großartig, ganz englisch, und zeugt von dieser Existenz, deren Sinn uns so oft entgeht. Wegen dieser eingestandenen und so offenen »Dummheit« konnten die Engländer Indien ausplündern, wie es ihnen beliebte, es bis zum Wahnsinn lieben und sich daraus von Gandhi vertreiben lassen, aus Gründen, die mit Logik nichts zu tun haben, und hier noch heute hochgeschätzt sein. Ich kaufte Leffroy für drei Rupien und ging wieder weg, beladen mit diesem großen Band, der aussieht, als wäre er für mich geschrieben worden. Die Gallier haben uns mehr als einmal verprügelt, ohne uns viel beizubringen; die Römer haben uns verprügelt und haben einige Scherben, öffentliche Bäder und militärische Grenzsteine hinterlassen, aber es sind die irischen Kelten, die uns Bären gelehrt haben, uns aufrecht zu bekreuzigen, zu beten, Neumen zu singen, Manuskripte zu verzieren, in denen die Welt wie verzaubert erscheint.

Ich latschte lange durch die gelöschten Straßen aus Angst, wieder in meinem miserablen Hotel zu landen. Die letzten chinesischen Läden ließen mit viel Getöse ihre Eisentore herunter, voll von verspritzten Schriftzeichen. Ratten huschten durch die Abfälle, und der Mond flog mit vollen Segeln über das dunkle und glänzende Blätterwerk. Es war so heiß wie am hellen Tag.

Madame de Sévigné …? So ein Arsch!

Vorgestern morgen, als ich mein Brot aß, stellte ich fest, daß das Brot mir den Mund aß. Das Blut pochte im geschwollenen Zahnfleisch und zeichnete die Einfassung jedes Zahns, den Durchgang jedes Nervs wie in einer vesalischen Skizze nach. Starkes Fieber und andauerndes Erbrechen. Um doch noch von dieser Hauptstadt zu profitieren, wo mir nichts gelingen wollte, ließ ich mir Blut und Lungen untersuchen und zwei aufgegebene Backenzähne ziehen in einem Krankenhaus – kostenlose Pflege – eines nördlichen Vororts. Hohe, blinde und baufällige Villa in einem Garten, von dem die Natur sachte Besitz nahm. Dort angetroffen: zwei Ärzte, zwei Krankenschwestern, drei Dutzend heitere arme Schlukker, von verschiedenen Gebrechen angefressen, die mir ganz danach aussahen, als ob sie den Rest ihres Lebens hier verbringen wollten, wo es genügend Nahrung gibt, die Gesellschaft gesichert ist und wo man ihnen das Leiden erleichtert, wenn auch nicht heilt. Kleiner Bettlerhof, der mich nach einem Moment der Verblüffung freudig empfing, wie wenn die Ankunft eines westlichen Sahibs die Qualität der Pflege, die sie hier bekommen, garantieren würde. Keine Spur von Förmlichkeit, eine liebenswürdige Routine. Am Ende des Nachmittags werden die während des Tages gemachten Röntgenaufnahmen in ein uraltes Epidiaskop gesteckt und zu unserer Erbauung auf ein Leintuch projiziert. Durchlöcherte Lungen, Putzfädenbronchien, von Osteoporose zerfressene Rückgrate. Wir waren alle da, ergötzten uns an der Vorführung und sahen verwüstete Innereien und Anatomien vorbeiziehen mit »Oh!«, »Ah!«, »Pst!«, aufgeregt und zum Lachen aufgelegt wie im Kino. Wir sind weit vom Stadtzentrum, und es gibt nicht soviel Abwechslung. Als meine wahren Luftpumpen eines Reichen erschienen, ohne viel Schatten und kaum angegriffen, gab es fast eine Ovation. Wie wenn ich ganz alleine ein Tor geschossen hätte. Alle diese Angeschlagenen freuten sich im großen und ganzen zu sehen, daß ich so gut ausgerüstet war, um sie zu überleben. Das war der Moment, den ich wählte, um im vollen Triumph, zwischen Komplimenten und Püffen, in Ohnmacht zu fallen wie eine von Blumen betäubte Diva ... Wieder zu mir gekommen, schon in saubere Laken eingebettet, ein dunkles, besorgtes Gesicht, Haut mit großen Poren, über meines gebeugt. Stethoskop, bifokale Brille, die mir das Bild des Zimmers verkehrt und getragen auf einer Art Dünung widerspiegelte. Eine Stimme gehört, die sagte, jede Silbe getrennt wie in der Tasche klingelnde Münzen: »Ne-ver-think-you-are-a-lone«, dann Reden von Typhus mit einem Kollegen außerhalb meines Gesichtsfelds und von Mich-ein-wenig-hier-Behalten. Er täuscht sich, ich bin geimpft und werde schneller, als er denkt, wieder auf den Füßen sein. Aber zwei Tage in frischen Leintüchern sind willkommen. Sah eine Schabe auf dem schmuddeligen Kragen des Doktors laufen, die Luft mit ihren Antennen abtasten, als wollte sie mich um Rat fragen, in den Ausschnitt des Kittels tauchen, und fiel wieder friedlich ins Dunkel.

Der Arzt hatte nicht gelogen: keine Gefahr, hier allein zu sein. Ich habe immer ein Kommen und Gehen von Hustern und Zahnlosen um mein Bett. Schwatzweiber mit Hüften breit wie Barkassen, die Augen von Trachomen getrübt, wischen mir die Stirne mit ihrem Taschentuch. Ein Greis stopft mir zitternd den Priem Betel, den er kaum angefangen hat, in den Mund. Andere begnügen sich damit, auf den Fersen zu hocken und zu lächeln. Durch die Watte des Fiebers sehe ich diese alten verwirrten Gesichter aufleuchten wie Bahnhöfe. Mitgefühl von Leuten, die nichts mehr zu verlieren haben und von dem ich in Eile einen Vorrat anlege. Trotzdem, dieser Schwarm von Fürsorge – sie begleiten mich bis auf die Toiletten – ermüdet. Wenn sie mir eine Spritze geben will oder wenn sie denkt, daß es zuviel ist, verscheucht die Krankenschwester mein Gefolge wie Fliegen. Es löst sich dann humpelnd und kichernd auf. Diese wilde Flucht, die mich zum Lachen bringt, erinnert mich übrigens – ein Augenblick burgundischer Nostalgie – an eine von Nacktschnecken angefressene Steinpilzfamilie.

Mein Bettnachbar ist der einzige, der an der allgemeinen Heiterkeit nicht teilnimmt. Er ist ein Astrologe aus dem Süden der Insel, also fast von dort, woher ich komme, der ein gepflegtes Englisch spricht, seine Anwesenheit hier wie einen Abstieg betrachtet und keine Gelegenheit verfehlt, es uns spüren zu lassen.

Er hatte sich auf Horoskope von Rennpferden spezialisiert (man spielt hier noch mehr als in meiner Stadt), die er, unter einer Decke mit den Buchmachern, an stets übervorteilte Wetter verkaufte. Er hatte es versäumt, sein eigenes zu machen: vorgestern hat ihm der Huf einer bösartigen Stute den Brustkorb eingeschlagen. Nach diesem Schlag, der nicht in den Sternen stand, hat er gerade noch einige Stunden zu leben. Da die Pferde nicht zu den Besuchsstunden kommen, ist er der Meinung, daß ich als Stargast ihm seinen Tod stehle, indem ich so im Vordergrund stehe, er möchte auch ein wenig Gesellschaft und daß ihm jemand die Augen schließe. Was nur natürlich ist. Die Krankenschwester hat es diese Nacht gemacht.

Heute wird gratis rasiert

»You most certainly got God knows what nasty bug«, sagte der Arzt und pumpte mir zeremoniös die Hand. Die riesigen Banyans, die seine wohltätige Institution umgeben, bewegten sich schwach gegen einen grauen, wie ein Schwamm vollgesogenen Himmel. Diese Diagnose, wie auch die Pflege hier, war glücklicherweise gratis. Mehr noch als das Kalzium und das Aureomycin richtete mich das auf, was ich ihn sagen hörte, als meine Geister wiederkamen, und der fast ansteckende Übermut der friedlich Sterbenden, die er betreut. Zwei Tage in ihrer Gesellschaft haben mich leichter als ein Rauchringlein gemacht.

Reisen: hundertmal seinen Kopf auf den Holzblock legen, ihn hundertmal wieder aus dem Korb voll Kleie holen, um ihn fast genau gleich wiederzufinden. Man hofft trotzdem auf ein Wunder, und dabei braucht man kein anderes zu erwarten als diese Abnutzung und diese Erosion durch das Leben, mit der wir verabredet sind, gegen die wir uns ganz zu Unrecht aufbäumen.

Ich habe mir heute morgen den Bart rasiert, den ich seit dem Iran trug: das Gesicht, das darunter versteckt war, ist praktisch verschwunden. Es ist leer, geschliffen wie ein Kieselstein, ein bißchen abgehobelt an den Kanten. Ich sehe darin gerade nur diese Abnutzung, einen Anflug von Erstaunen, eine Frage, die es mir mit gespenstischer Höflichkeit stellt und deren Sinn ich nicht mit Sicherheit begreife. Ein Schritt zu weniger ist ein Schritt zum Besseren. Wieviel Jahre noch, um mit diesem Ich fertig zu werden, das allem im Weg steht? Odysseus konnte es nicht besser ausdrücken, als er die Hände an den Mund hielt und dem Zyklopen zurief, daß er »Niemand« heiße. Man reist nicht, um sich wie einen Christbaum mit Exotik und Anekdoten zu schmücken, aber damit die Straße einen rupft, ausspült, auswindet, wie jene vom Waschen fadenscheinig gewordenen Handtücher, welche mit einem Seifensplitter in den Bordellen gereicht werden. Man entfernt sich weit weg von den Alibis und den heimatlichen Verwünschungen, und was man vorbeigehen sieht in jedem dreckigen Bündel, das man in übervolle Wartesäle trägt, auf kleine, vor Hitze und Armut niederdrückende Bahnsteige, ist unser eigener Sarg. Ohne solches Losgelöstsein und diese Transparenz, wie kann man da hoffen zu zeigen, was man gesehen hat? Widerschein werden, Echo, Durchzug, stummer Gast am Ende der Tafel, bevor man den Mund aufmacht.

Ich putzte sorgfältig mein Rasiermesser, als ob ich es das erste Mal sähe, und machte mich wieder auf den Weg nach Galle.

VI

Der Autobus

»You must adjust yourself to general stagnation.«

Der Verkehrsminister, im April 1955

Zu längst vergessener Zeit, als die Frömmigkeit auf der Insel noch zählte, als die Papageien noch spontan Sutras aufsagten, sah man einen Bonzen nicht zu Fuß unterwegs. Sie reisten mit Hilfe der Magie, rafften ihre Tunika hoch, bestiegen den Wind, sausten wie glühende Kanonenkugeln zu den Goldenen Inseln (Java) oder zum Himalaya, wenn sie sich nicht lieber mit schreckenerregendem Krach in die Erde bohrten.

Da ihre Niedertracht sie schon lange um diese Fähigkeiten gebracht hat, haben sie sich widerwillig auf die öffentlichen Transportmittel gestürzt, wo sie wie du und ich zahlen müssen. Wer schon seine Tugend verloren hat, hängt um so mehr an seinen Privilegien. Ihr Unmut kennt keine Grenzen. So haben die hohen Würdenträger des »Klosters vom Zahn« (der Zahn eines Kaimans, jener von Buddha war im XVI. Jahrhundert von den ungläubigen Portugiesen gestohlen und verbrannt worden), das allen andern voraus ist, mit der Gewerkschaft der Fahrer einen alten und vergifteten Streit, welcher den rosa Autobus, der meine Stadt mit der Hauptstadt verbindet, allzuoft teuer zu stehen kommt. Wenigstens dreimal im Jahr wird er in die Luft gesprengt und rüttelt so für einen kurzen Moment aus der Lethargie auf, die ich anfange, verräterisch zu finden, und die der Stille im Innern eines Taifuns gleicht.

Er ist im übrigen sehr gut, dieser Bus, wenn man sich nicht vom gespielten Schlummer der professionellen Taschendiebe erwischen läßt, die auf allen Fahrten dabei sind. Während die von Thomas Cook gerühmten Landschaften unsere Aufmerksamkeit fesseln, verschwindet die Uhr, verflüchtigt sich der Geldbeutel, verwandelt sich der Inhalt der Westentaschen in Rauch, und manchmal fliegt man sogar selbst davon, da diese explosiven Spielzeuge seit einigen Wochen Furore machen. Die Bonzen verstecken sie in ihren gelben gefalteten Roben, legen sie scheinheilig ins Gepäcknetz und steigen bei der nächsten Haltestelle wieder aus, wie in Meditation versunken, kurz vor der Apotheose.

Wenn man mit dem folgenden Bus am Ort dieser Feuerwerksfeste ankommt, schaue man sich das einmal an: eiscremefarbige Koffer und weit herumgestreute Schirme, manchmal hängen sie sogar an den Palmen, die großen Haarkämme weit weggeblasen von den Köpfen, die sie nicht mehr brauchen, und die Verletzten in karminroten, violetten und zinnoberfarbenen Sarongs, wundervolle Farben für eine Kreuzabnahme, aufgereiht am Rande der Straße, die von zersplittertem Glas gleißt, von zwei Polizisten augenrollend immer wieder gezählt. Mitten auf der Straße bäumt sich eine runde Brille mit Metallfassung auf, die Bügel in der

Luft, ein unzufrieden aussehendes, großes, jähzorniges und zerbrechliches Insekt auf der Suche nach einer der Teufel weiß wohin geflogenen Nase.

VII

Die Ruhezone

Wenn meine Beine stark genug sind, wenn mir der Kopf nicht zu stark brummt, verlasse ich mein Zimmer und ernähre mich von Tee mit Milch, Bananen und weichen Schnitten – in diesem Klima ist das Brot nicht wackerer als wir – im Lokal des *Zeugen*. Seit er bei einer westlichen Heirat diese Funktion erfüllt hat, haben meine Nachbarn vom Fort ihm diesen Namen gegeben, den ich übernehme, denn der andere, der richtige, hat über vierzehn Silben, und ich schone lieber meine Kräfte, für wenn ich eines Tages von hier fort will.

Von Tür zu Tür sind es weniger als hundert Meter. Es ist ein kleines, schattiges, einladendes Café, voll von blauem Halbdunkel, das jemandem, der von draußen kommt, fast solid erscheint. Kommen Sie und setzen Sie sich da einen Moment hin, schweigend, wenn möglich – der Stuhl mir gegenüber ist immer leer –, und machen Sie sich selber ein Bild! An der Decke und an den Wänden Girlanden aus Kreppapier und alte Chromographien des Buddha. Über der Theke die Familienphotos. Auf einem von ihnen sieht man die Männer mit Haarknoten, den Tropenhut in der Hand, während ihrer Dienstzeit in der malaiischen Armee. Auf dem andern den Zeugen und seine junge Frau unter einem Banyan, umgeben von einer Schar Verwandter mit intensiven leeren Blicken. Er sieht aus wie ein Stelzvogel, der gerade gefangen wurde; sie, eine schwarze Wurst mit dikken Zöpfen, der Orangenblütenkranz hängt tief auf ihre Kuhaugen. Christliche Hochzeit: in einer leicht verblaßten Ecke des Photos kann man einen von Amöbenruhr ganz schrumpelig gewordenen Jesuiten erkennen.

Die Tische sind mit einem mit Mohnblumen verzierten Wachstuch bedeckt, das immer schwitzt und von den Fliegen gierig abgeleckt wird. Ich habe meinen beim Fenster, unter dem Rennkalender, der sehr oft konsultiert wird, denn hier setzen sogar die Docker mit achtzig Rupien im Monat ihren Lohn auf Pferde, die sie nie sehen werden, die öfter als sie essen und weit von hier auf den Hügeln in der Frische galoppieren für junge elegante Frauen in Jodhpurhose, die sich beim Sprung über den Oxer auf die Lippen beißen.

Nicht zu vergessen: der antike Spielautomat hinten im Lokal, hier nach dreißig Jahren Dienst in Brighton gelandet und immer von einigen glutäugigen schlaksigen Männern umgeben. Das ist die Hauptattraktion dieses Lokals, wo ich mich so wohl fühle beim Schreiben, wo ich meine Gespenster und Schatten kommen lassen kann. Und das um so besser, als man mich hier überhaupt nicht mehr stört. Das fast abtastende Erstaunen, mit dem ich hier die ersten Tage empfangen wurde, hat sich schon verflüchtigt. Wegen Sprachproblemen zuerst: nach zwei Monaten Aufenthalt bin ich gerade so weit, daß ich meine Einkäufe machen kann; dann das Gesprächsthema: ich mache keine Rennwetten, und im übrigen wissen meine Nachbarn besser als ich, was es hier kostet zu denken; aus Vorsicht schließlich, überzeugt, wie sie alle sind, daß ich hier nur gezwungenermaßen stranden konnte, von den Meinen nach irgendeiner ganz schändlichen Missetat verstoßen. Unsere Beziehungen beschränken sich also auf diese gegenseitige, zögernde und ängstliche Toleranz. Die vollständige Stille: ich könnte zusammenbrechen, die Nase in der Untertasse, ohne daß jemand außer den Schaben es so bald merken würde. Trotzdem, er ist schön – diese schmalhüftigen Silhouetten, diese sich im Schatten verschwörenden und anordnenden Farben –, dieser Ort, der nichts mir Bekanntem gleicht, dieser Schlupfwinkel, wo ich die beiden Pulse der Stadt fühle, den der Menschen und den der Insekten.

Hier ist das Leben der Menschen langsam, unbedeutend, kompliziert, von seltenen Anfällen weißglühender Wut durchzogen, die normalerweise am Galgen vor dem Fort enden. Ich weiß nicht, wie viele Gemeinschaften – Fischer-Parias, tamilische Händler, kleine singhalesische Rentner, afghanische Wechsler, Hindus, Christen, Buddhisten, kleine verwestlichte Beamte – in gegenseitiger Verachtung aneinander vorbeileben, ohne je den Mumm zu haben, sich einmal richtig in die Haare zu geraten.

Bonzen in gelber Tunika, eher wegen ihren Zaubereien gefürchtet als ihrer Tugend wegen geachtet, kommen ein- oder zweimal pro Woche von den großen Klöstern auf den Hügeln, um ihre Gamelle und ihren Geldbeutel zu füllen und nach dem Bestand von schlaffen Weibchen zu schielen. Diese Schamlosigkeit ist nicht neu, nach der ältesten Chronik der Insel war es schon immer das erste Verdienst der »guten Könige«, diesen unzähligen Schmarotzern Schlemmereien zu offerieren. Jedenfalls stellen sie mit ihren großen Tartuffschirmen, ihren Kokettenfächern, ihren rasierten Polizeispitzelköpfen, ihrer Verschlagenheit hier »die Religion« dar. Einen guten Buddhisten kann das nur verdrießen. Sie bietet das genaue Bild einer heruntergekommenen, entstellten, in Abrakadabras eingedickten und sauer gewordenen Offenbarung. Sie machen sich gern an Frauen heran – jeder kann das hier bestätigen –, die es oft nicht wagen, ihrer Robe zu widerstehen, aber glücklicherweise geschieht es manchmal, daß einer dieser Romeos das Schrot eines eifersüchtigen Bauern ins Brustbein kriegt, was ihn ermessen läßt, welche Illusion das Leben ist. Das bringt uns dann Beerdigungen nach allen Vorschriften, mit Palmzweigen, Baldachinen, Glöckchen, Reliquien, Litaneien, einer endlosen Prozession von Betschwestern – genau die, welche sich über jenes Verschwinden freuen sollten –, die ich beschimpfe, wenn ich sie treffe, die Faust fröhlich erhoben in dieser unvorstellbaren Hitze, während sie mir so übelwollende Blicke zuwerfen, daß sie mich in eine gewöhnliche Dampfwolke auflösen könnten, ein Risiko, dem ich hier sowieso an jeder Ecke ausgesetzt bin.

Kommen wir also zur Kneipe zurück. Der Tisch nebenan wird zu den Mahlzeiten von »clerks« besetzt, die meine einzigen Gesprächspartner sind. Ein halbes Dutzend Burschen, gegen die dreißig, die beim Zoll, im Gericht oder auf der Post »arbeiten« und deren Englisch weit besser ist als das meine. Sie haben alle Jane

Austen gelesen und legen ihr Geld zusammen, um eine unanständige Zeitung mit dem Namen »Whispering« zu kaufen, die sie sich im Laufe der Woche dem Alter nach herumreichen. Sie können sich etwa vorstellen, in welchem Zustand der letzte sie erhält. Sie tragen enge Hosen und übertreffen sich in Herablassung für ihre Artgenossen im Sarong. »White collar people« nennen sie sich selbstgefällig. Eine Bezeichnung, an der sie festhalten, die aber keinen Sinn hat hier, wo jeder sich unermüdlich wäscht, spült, abtrocknet, sich die Zunge mit Bimsstein abreibt, um die Unreinheiten wegzuschaben, wo das kleinste Tüchlein wenigstens zweimal im Tag gewaschen und getrocknet wird. Es ist geradezu eine Marotte, dieses dauernde Waschen, als ob es in der Stadt, auf der Insel, im Leben eine sehr alte und unmöglich zu tilgende Beschmutzung gäbe. Mit meinen zwei täglichen Duschen bin ich im Vergleich dazu fast ein Schmutzfink. Kurz, »white collar people« und tapfere Verteidiger von Lackschuhen, Bügelfalten, europäischen Westentaschen, aber lärmig wie Krähen, die Seele ein bißchen leer, heimlich verdorben von drei oder vier sich folgenden Kolonialherren. So viele Umgangsformen- und Kostümwechsel, so plötzlich und eigentlich mit so wenig Gewinn, denn immer sind die »richtigen Stoffe« im Vorteil. Spitzen aus Flandern oder englische Cheviotwolle. Was bleibt einem nach diesem Bekleidungs- und Gesinnungsmarathon, wo man seine Identität verschleudert, wo man beim Starten schon verloren hat, wo man schweißgebadet ankommt? (In dieser Treibhausatmosphäre tragen pechschwarze »chief justice« noch

Knotenperücken.) Einige Kleinigkeiten, an die unsere Albuquerque, de Ruyter, Lord Clive, vor Quartanafieber kochend oder vom Opium betäubt, nicht gedacht haben. Die Schulden zum Beispiel. Was meinen Freunden ein wenig das Leben ausfüllt, das sind die kleinen Schulden, die sie machen, um am Samstag zu trinken oder zu wetten. Das ist eine Art Ablenkung, diese Schulden: so bescheiden sie auch sind, die Zinsen häufen sich an. Man greift dann nach seinem Schirm und geht den Wucherer um Geduld bitten. Oder er setzt einem wieder zu, und man verschwindet, indem man einen Anfall von Sumpffieber, einen verstorbenen Verwandten vorschiebt, kurz! etwas Unterhaltung, die einen auch noch beschäftigt. Das ist wie eine Krankheit, eine Schuld, etwas, was man in Gang gesetzt hat und das etwas Leben ins unbewegte Dasein bringt, einen ein wenig am Ärmel zieht, worüber man sich beklagen und die ganze Zeit sprechen kann. Eine Sorge – man täte gut, sich daran zu erinnern – ist immer noch besser als gar nichts. Das läßt auf jeden Fall das Büro während der Woche vergessen und die bauchigen Ordner, mit ausfransenden Lumpen umwickelt, beschrieben mit Zeichen, die Mondsicheln gleichen, verziert mit kleinen Troddeln und mit umgekehrten Fragezeichen, die, dafür bürge ich, nie Antwort bekommen.

»Hi! splendid! ... Let's make it a day! ... Too bad for you, old chap!« Jeden Mittag, wenn sie sich zu Tisch setzen, habe ich Anrecht auf einen Schlag auf die Schulter; sie recken sich, plustern sich auf, lassen einen männlichen und phlegmatischen Blick durchdringen. Als hätten wir ein Leben lang Cricket hinter uns, Sandhurst gemacht, einen Wurf von Mopsen geteilt oder zusammen das Doppel von Wimbledon gewonnen. Schließen Sie einen Moment die Augen, helfen Sie uns!, denn diese pathetische viktorianische Pantomime hat – Sie ahnen es wohl – keinen anderen Zweck, als diese wie ein Kochkessel geschwärzte Kneipe vorübergehend in einen jener auserlesenen Klubs zu verwandeln (hören Sie die Eiswürfel in den Gläsern klingen, und diese vor Vornehmheit fast erstickten Stimmen?), zu denen weder sie noch ich je Zugang haben werden. Geradezu galaktische Distanz. Traum von Kühle, Rasen, liebenswürdig borniertem Self-control. *Members only and dress for dinner.* Mir, der ich doch nichts von England weiß, ist weh ums Herz. Hier vernichtet uns die Hitze. Laßt uns also träumen zwischen Schaben, überreifen Bananen und geflickten Kragen. Träumen Sie ruhig, Gentlemen; meine Segenswünsche begleiten Sie. Ich habe anderes zu tun, denn *Sie* sind es, die mich interessieren ...

... Was sie anbelangt, so interessiert sie, noch lange vor den Schulden, daß ihre Mutter ihnen eine Frau findet, denn sie sind es müde, sich im Kino »Cosmic« gerade außerhalb des Forts an die Lehnen der Sessel zu klammern, bis ihre Gelenke weiß werden, bei französischen Filmen, übrigens so von der Zensur verstümmelt, daß sie unverständlich geworden sind. (Wenn zwei Köpfe sich einander nähern, und sei es nur, um ein Geheimnis auszutauschen, nimmt man die Schere.)

»Mein Lieber«, sagen sie mir gradheraus mit der dem ganzen Subkontinent so eigenen Diskretion, »haben Sie schon eine Frau gehabt?« Sie nicht. Ihre Ungeduld können Sie erraten. Und sie beschreiben mir haarklein alle Vergnügungen, die sie mit dieser so lange ersehnten Gefährtin teilen wollen, als fleißige Leser von kleinen Pornofaltblättern, die in der Hauptstadt mit bleichen und abgenutzten Klischees gedruckt werden, ebenso dürftig gemacht wie die frommen buddhistischen, baptistischen oder katholischen Heiligenbildchen. Alle diese falschen Scheine gleichen sich.

Die Wahrheit ist: wenn sie einmal eine Frau haben – was auch immer sie mir vom Kamasutra erzählt haben mögen –, machen sie ihr sofort und ohne Umschweife ein Kind, denn die Faulheit und die Natur tun sich hier sehr oft zusammen, um unsere Vorhaben zunichte zu machen. Und dann hat es einige mehr auf den Schwellen der Hospital Street, die ihre langen schwarzen Haare einölen, ihren Bauch in der Sonne reifen lassen und auf die drei Beschwörungszeremonien warten, die dem Fötus eine gute Entwicklung und eine Ausstoßung ohne Schwierigkeiten sichern sollen. Eine Schwangerschaft nach der andern. Der Körper wird schwerer, und die Schönheit ist bald nur noch eine Erinnerung; nur bei den Reichen hat sie eine Chance zu dauern. Ende der ausschweifenden Träume, zurück zum tödlichen Alltag. Dieses wollüstige Fest, das sie sich versprochen hatten, ich bin überzeugt, daß sie nur halb daran geglaubt haben: mit einem Jahrhundert angelsächsischer Prüderie, auf einen ebenso frauenfeindlichen und pingeligen wie moribunden Buddhismus gepfropft, mit den scheußlichen Uniformen (schwarze Fuhrmannskittel, Zelluloidkragen, weiße Socken) der Schülerinnen des »Lady Griffith Girls' College«, rein himmlische Körper und Stimmen fürs Harmonium, sind die Frustration und die Gärung, die sie hervorrufen, notwendigerweise programmiert.

»To kiss in a public place is a legal offence«, habe ich gelesen am Eingang des Stadtgartens hinter der Kirche, wo die Wurzeln der Banyans und ihrer Gevatter die Wege aufsprengen, kaum hat man sie angelegt. Sie hätten alle Ecken der Stadt abklopfen können, ohne ein Liebespaar zu überraschen, ihre Mauern und die wenigen Pissoirs untersuchen, ohne dort andere Aufschriften als die politischen der zwei rivalisierenden Parteien zu finden: den Schirm und den Elefanten. Ein einziges Mal, unter dem Geschäftsslogan der Insel »Every time is tea time« von einem Müßiggänger hingeschmiert, der auf die Bereitwilligkeit seiner trägen Blase wartete, las ich, von einer verdrossenen Hand mit Kreide angefügt »...and no time ever fucking time«. Wenn ich etwas zum Schreiben gehabt hätte, hätte ich ganz unten hingekritzelt »Mates, how right you are!«. Der Anstand ist sicher eine schöne Sache, aber, was man auch immer sagen mag: wenn die Liebesarbeit im Leben so sehr fehlt und aus so schlechten Gründen, so geht ein Gleichgewicht verloren, ein wesentlicher Antrieb fehlt, und uns, die wir Tiere sind, gerät die Lust abhanden, voranzukommen. Schauen Sie die Esel an, die hart arbeiten und die ganze Zeit einen Steifen haben!

Sie kamen nicht voran, meine Freunde. Sie verließen sich auf das Leben, damit es vorbeigehe ohne sie, wie es das immer tut auf seine heimliche und verwirrende Art. Trotz ihrem ermüdenden Geschwätz, trotz dieser Notlage, die uns einander doch hätte näher bringen müssen, habe ich nie viel mehr als diese flüchtigen erotischen Träumereien aus ihnen herausgebracht. Zum Beispiel belustigten sie die Fragen, die ich ihnen am Anfang über die Insel stellte: sie fanden, zweifellos zu Recht, daß ich es noch nicht heiß genug gehabt habe.

Und doch hatte die Stadt ihre Politik, ziemlich schwatzhaft und geschwollen, zwei oder drei Parteien neben denen des Schirms und des Elefanten und sogar eine extreme Linke, die ihre Sitzungen im hinteren Saal der »Oriental Patissery« abhielt. Daß bei 5 Grad nördlicher Breite, 77,5 östlicher Länge und 37 Grad im Schatten ein Laden, der nur Currykrapfen, leichter als der Wind, anbietet, es noch als nützlich erachtet, daran zu erinnern, daß er »orientalisch« ist, gibt zu denken. In Tours, in Bremen, in Brescia, kann man sich da eine »westliche Schuhmacherei« vorstellen oder ein Schild »Zu den Konfitüren des Westens«? Nein, nicht wahr: das schiene eigenartig, sogar etwas defätistisch. Weniger, zweifellos, wenn Attila, Tamerlan oder Suleiman in ihren Unternehmungen Erfolg gehabt und Europa erobert hätten. Da sich das Gegenteil ereignet hat, haben wir ihnen unsere Sitten, unsere Maße, unsere Meridiane, unsere Götter aufgezwungen, den Markt manipuliert, uns rein zu unserem Nutzen die Geographie angeeignet. Christus und das Kanonenboot, der Alkohol und der Weihwedel. Während einiger Jahrhunderte war der christliche Westen das Zentrum und der ganze übrige Planet der Vorort von Europa. Man bezeichnet nicht das Zentrum, sondern definiert die verschiedenen Punkte der Peripherie, indem man sie darauf bezieht. »Oriental Patissery« meinetwegen! Aber die Gewohnheit ist eine so gute Amme, daß der Kreis Gleichgesinnter, die sich dort versammelten, nichts gegen dieses unterordnende Adjektiv einzuwenden hatte. Es war eine Handvoll nationalistischer Akademiker, die wieder den Sarong angezogen hatten, um gegen die »Verwestlichung« zu protestieren, die sich ein- oder zweimal pro Jahrfünft beim Basteln einer Bombe verletzten, deren einzige Opfer sie selbst waren, und die sich hier jeden Abend zu ihrer Partie Whist trafen. Die einzigen auch in dieser Stadt, die mein Vagabundenleben mit Nachsicht betrachteten und mich ausfragten über das, was ich gesehen hatte. Ich ging mehrmals hin und fragte sie, woran sie in diesem Glutofen ihre Überzeugungen verankern konnten. An nichts, oder fast nichts: kein Industrieproletariat, keine Slums, keine Kulis. Keine offensichtliche Armut, aber ein Ozean von kleinen Leuten, die knapp darüber leben, bedürftig, in einer abgewetzten und verdrossenen Achtbarkeit, die sie überhaupt nicht zum Kämpfen drängte. Apostel ohne Jünger; eine Tugend, die ein wenig ihren Glanz verloren hatte, ersetzte ihnen das Programm, wie auch eine erstaunliche Fähigkeit, unendlich in der Hitze zu argumentieren, sich in Doktrinstreitigkeiten mit ihren Bruderparteien aufzuregen, denn sie waren weder Stalinisten noch Maoisten, noch Castristen, noch Titisten, aber *Trotzkisten* seit mehr als zwanzig Jahren und damals ohne

Zweifel die letzten. Die Gründe für diese Wahl schienen ihnen in der Zwischenzeit entfallen zu sein; sie hielten trotzdem daran fest und hingen, das ist klar, sehr an dieser schon fast vergessenen Doktrin. Ich hatte den Eindruck, daß wir ihnen in der Ideologie wie im Handel einmal mehr unsere veralteten Bestände angedreht hatten, und wenn sie so sehr an dieser verjährten Ware hingen, so darum, weil sie erfahrungsgemäß sicher waren, daß wir sie ihnen nicht mehr wegnehmen würden.

Außer Atem nach einigen Jahren von Aktivität und Schwung, nach einigen lautstarken und denkwürdigen Umzügen, überraschte ich sie eigentlich in einer Begeisterungsflaute. Hier, wo das Klima oft stärker ist als die Habgier, bringt einen eben der kleinste Anflug von Altruismus zur Strecke. Es ist zu heiß, um lange gut zu sein. »Die proletarische Revolution und der Klassenkampf (Begriffe, denen man hier anmerkt, daß sie aus der Kälte kommen) wurden im Norden erfunden«, sagten sie mir, um sich zu entschuldigen. Und – eigentlich hätte eher ich mich entschuldigen müssen – von Herren, die ihre Finger warmhauchten, bevor sie zum Beispiel schrieben: *»Das trockene Akazienscheit tönt wie Porzellan, leichter als ein gefrorener Hering.«* Sie hatten ganz recht: Engels hatte eine Bettflasche, die Abzüge des »Kapitals« wurden mit Handschuhen korrigiert, Trotzkis Tinte gefror im Tintenfaß; alle diese Geister aus der Kälte verlieren hier ihre Substanz, schmelzen wie Schnee auf dem Ofen. Bis zur Schießbaumwolle, die in diesem Klima ganz von selbst explodiert, noch bevor man sie anzündet. Der äquatoriale Bolschewismus hatte sich schlecht angelassen, wie mir schien, der Hundstagsmarxismus war flügellahm, die Berufung meiner Gesprächspartner mehr als problematisch. Für den Gehorsam wie später für die Revolte hatten wir sie über die Menge getäuscht, das Rezept verfälscht, das Menü aufgenötigt und alle Trümpfe behalten. Von allen Geschäften richtet das mit Ideologien am meisten Schaden an – es kennt ja den Kunden nicht –, und zwar beiderseits, denn man erniedrigt sich selbst, wenn man die andern zwingt, einen nachzuahmen.

Auf jeden Fall würde man nicht mit meinen Freunden die Welt erneuern, geschweige denn das stets versumpfte Stück Straße, welches das Fort mit dem Markt verband. Sie gaben das auch gerne zu. Arme, geprellte Verlierer, die mir zuhörten, ohne sich lustig zu machen, die mich mit so einer traurigen Fröhlichkeit empfingen, die immer eine unwiderrufliche Niederlage anzeigt.

Sowjet der »Oriental Patissery«, ich danke euch, und ich sehe euch wieder: die Öllampe raucht und rußt, schwarze Ikone, Gesichter mit großen Poren, die in der Hitze der Nacht leuchten, während die Zeit in gespenstischen Reden vergeht. In einem Arrakdampf, den man mit dem Messer hätte schneiden können, beleuchtet die Glut einer Cheroot-Zigarre kariöse Gebisse, sie schieben ihre Karten und stochern geduldig in der Vergangenheit. Genau was ich heute auch mache. Wenn man all denen, die älter werden, den kleinen Satz »Erinnern Sie sich?« verbieten würde, gäbe es gar keine Gespräche mehr: Wir könnten uns alle, und zwar sofort, in aller Ruhe die Gurgel durchschneiden.

VIII

Indigo Street

Indigo Street, die vom Leuchtturm bis zur Aeolus-Bastion geht, ist die älteste Straße des Forts. Meine Straße, denn sie führt gerade neben der Herberge ans Meer, die Straße, wo ich meine Gewohnheiten und meine Orte habe und auf eine gewisse Weise – obwohl ich da nie glücklich war – die schönste und die verrückteste meines unbedeutenden Lebens.

Ich bin in Gedanken so oft dahin zurückgekehrt, daß ich die Läden da noch genau sehe – den Teeladen des Tamilen, den Fischhändler mit dem goldenen Ring im linken Ohr, die Sessel mit Pompons des Barbiers, das mohammedanische Lebensmittelgeschäft –, aufgereiht auf dieser Strecke wie die Noten einer Musik, die speziell an mich gerichtet war, unvergeßlich, und deren Sinn ich noch immer suche. Lange Reihe von engen Fassaden, deren zimt-, ultramarin- oder lachsfarbener Verputz, von der Gischt angefressen, sich in feine Halbtöne auflöst, Verwitterung von prunkvoller Melancholie. Es ist dieser gebastelte, unbekümmerte, frivole Kolonialbarock der kleinen Leute, die mit wenig Aufwand den Stil der westlichen Eroberer übernommen haben, der den Handelsniederlassungen und Wasserversorgungshäfen entlang zwischen Madagaskar und Flores blühte. Aber hier wird er von einer überreichen Natur verziert und gleichzeitig angenagt: Salzblumen quellen unter den Fenstern hervor, Perlmutter und Korallen sind in die Voluten eines aussätzigen Stucks gemauert, zweideutiges Spiel des Lichts auf dem Panzer faulender Früchte und heimliche Krebstiere, die sich in den kleinsten Schnörkeln der Architektur einnisten.

Vom Verfall und vom Klima patiniert, glänzt Indigo Street wie eine Ikone. Der Wind vom Meer bläst hinein wie in eine Flöte, bringt feine Sandvorhänge zum Tanzen, die auf das Palmdach der Karren rieseln und in flüchtigen Moirierungen über den Boden fliehen. Manchmal überquert sie ein Einsiedlerkrebs von einem Ende zum andern, von einem Windstoß weggefegt, mit ausgestreckten Scheren, herumgewirbelt wie ein dürres Blatt. Wie hoch die Sonne auch steht, es herrscht da immer ein Licht wie unter Wasser, richtig dämmerig, wie wenn Indigo Street schon lange mit Hab und Gut samt den Statisten untergegangen wäre.

Jeden Tag, wenn ich die Straße hinaufgehe, sehe ich aus den Augenwinkeln jene, die ich noch nicht meine Nachbarn zu nennen wage: weiße, affektierte, schwach leuchtende Figuren, enge unbefleckte Sarongs im blauen Halbdunkel von Zimmern, die alle gleich sind. Es sind die Überlebenden einer Händlerkaste, die mit Zitronell und Indigo handelte, bevor die Versandung des Hafens sie in Schwierigkeiten brachte und zur Untätigkeit verdammte. Die kleinen Stückchen Land, die sie noch über dem Fort besitzen, erlauben es ihnen gerade, ihren Hunger zu stillen, ihren Hochmut und ihre hölzernen Mienen hinüberzuretten, an denen sie so sehr zu hängen scheinen. Ein- oder zweimal pro Woche kommen ihre Pächter mit einem Handwagen vorbei und kippen mit einer Art Groll vor jede Schwelle einen Karren Kokosnüsse aus, deren geleerte, geil gewölbte und gespaltene Schalen man nachher auf der Straße gären läßt unter dem schrecklichen Gestank von geröstetem Flachs, um ich weiß nicht welches Gesöff daraus zu machen.

Meine Nachbarn gehen nicht aus, bevor es dunkel wird, und verbringen also ihre Zeit damit, in ihren dunklen Küchen eben darauf zu warten. Zu jeder Tageszeit genügt ein Blick zur Seite, um sich zu versichern, daß sie noch da sind: einige alte Frauen und vor allem feierliche und steife alte Männer, den Haarknoten von einem hohen Schildpattkamm gekrönt, unbeweglich, Larven, geheftet an den Rand von chinesisch-holländischen Sesseln, blankgescheuert wie Knochen und aus so hartem Teakholz geschnitzt, daß die Termiten, die sich doch hier an alles wagen, es schon lange aufgegeben haben. Diese Sessel, ein blauer Primuskocher, die Öllampe aus bearbeitetem Messing, manchmal ein altes spitzbogiges Radio sind der einzige Zierat dieser Wohnungen und die letzten Zeugen eines vergangenen Wohlstands. Außer daß sie ihren Sessel besetzen und den Passanten ihr Profil darbieten, tun meine Nachbarn – ich habe mich endlich davon überzeugt – rein gar nichts. Nichts Sichtbares auf jeden Fall. Die Anwesenheit eines Spinnrads wäre unvorstellbar. Manchmal sieht man einen von ihnen mit einer zittrigen Bewegung ein mit Arrak gefülltes Kupfermaß zum Mund führen, manchmal in den Kaffee eines dieser Cannabiskügelchen fallen lassen, die ihre Augen so starr und glänzend machen, manchmal mit einem Messer eine dieser niedlichen, total überladenen Fähnchen fein aus einem Bananenblatt schneiden, voll von Mantras und Pentagrammen, die hier für schwarze oder weiße Magie gebraucht werden. Manchmal erhebt sich auch ein trockenes, rauhes Husten aus einer dieser Behausungen, welchem andere Husten antworten, kleine heisere Explosionen, die von überallher aufsteigen, und die Straße belebt sich mit Hustenanfällen, und die Zeit steht still... wird endlich etwas geschehen? Dann ist alles wieder beim alten, und meine Magier fallen wieder in ihre gebeugte Haltung zurück, wie wenn sie alle gerade die gleiche niederdrückende Nachricht erfahren hätten, finden ihre trügerische Starre wieder – ich vermute da irgendeinen Trick dahinter –, die an die Unbeweglichkeit großer Insekten auf der Lauer erinnert.

Besuchen sie sich manchmal? Ich glaube, daß sie es nicht tun, übrigens könnte das allein ein geübteres Auge als das meine bestätigen, so sehr gleichen sich diese dunklen Schlupfwinkel und ihre Insassen. Am Abend, wenn das Meer wie eine Kerze erlischt, wenn die einbrechende Dunkelheit und das unsichere Licht des Petroleums diese Ähnlichkeit noch schwindelerregender machen, könnte jemand, der langsam die Indigo Street hinaufgeht, schwören, daß er sich, ohne voranzukommen, zwischen gleichen Bildern fortbewegt, daß er leichtsinnig in ein Spiel von getrübten Spiegeln gerät, die ihn einlullen, daß er in eine eigens für ihn aufgestellte Falle läuft... oder schon gefallen ist.

So große Geisterbeschwörer meine Nachbarn auch sind, nie haben sie sich mit der Sonne verstehen können, die sie verabscheuen. Weder sie beschwören noch sie ein wenig entfernen. Niemand kann hier damit zurechtkommen. Gegen sechs Uhr morgens steigt sie am Horizont auf wie eine Kanonenkugel, um dann im rauchigen Himmel aufzugehen. Man sieht diese Zyklopin überall, heimtückisch widergespiegelt von den Dämpfen und Säften, die sie aus der Stadt zieht. Während des endlosen Tages lastet sie auf den Pflanzen, den Menschen, den Ideen, um sie im Galopp reifen und faulen zu lassen, und vergiftet uns wie schlechter Absinth, bevor sie dampfend im Meer versinkt in einer verschwenderischen Fülle von weinfarbigen, verrückten, aber auch schnell erloschenen Farben, die sie mit sich fortnimmt. Jeden Abend die gleiche Glut, die gleiche Orgie von verwirrender Schönheit, die gleiche barocke Pracht über unseren Ameisenhaufen ausgebreitet und wie um sich darüber lustig zu machen. Am Mittag hat man an gewissen Tagen kaum einen Schatten, aber wehe dem, der darauf hereinfällt und auf den Gedanken kommt, etwas zu unternehmen, wenn sie hoch am Himmel steht. Eine Art unerklärliche Trunkenheit bemächtigt sich seiner. Die Sonne gewinnt unter allen Umständen. Man versucht darum, seine Geschäfte bei Einbruch der Dunkelheit zu erledigen oder in den ersten Stunden nach Sonnenaufgang, wo man ein wenig weiß, was man wünscht. Auch dann noch muß man sich beeilen: oft habe ich meine Nachbarn auf ihrer Schwelle stehen sehen – früh am Morgen, aber ein klein wenig zu spät –, den Tabaksbeutel im Gurt, ergriffen sie ihren Schirm, fix und fertig, bereit zu einem im Laufe der feuchten und frischen Nacht erdachten Unternehmen, das Gesicht beinahe beseelt von diesen genauen Absichten. Sie verlassen den Schatten des Vordachs, und bis sie ihren Schirm aufgespannt haben, hat ihnen die Sonne schon auf den Kopf geschlagen und ihr Vorhaben in Dampf verwandelt. Sie gehen dann im Licht wankenden Schrittes, wohin der Wind sie eben weht, wie dürre Zweiglein.

IX

Vier Gran Nieswurz

»Einen Steinwurf weit weg
nach rechts oder links von dieser
geordneten Straße, auf der wir gehen,
und schon ist die Welt wild und eigen-
artig . . .«

Rudyard Kipling

Man kann ohne großes Risiko behaupten, daß diese Insel der Magie frönt seit dem Tag, da sie dem Meer entstiegen ist. Wenn man den alten Chroniken glauben will, summte die Luft so sehr von schurkischen Geistern, daß Buddha selbst mehrere Reisen unternahm, um diese Schatten zum »Richtigen Gesetz« zu bekehren und das Land bewohnbar zu machen. Zumindest vorübergehend, denn man ist Dämon, so wie der Skorpion sticht und die Ehefrau treu ist; der »Plan der Welt« sieht vor, daß alles sich abnützt und jeder in sein Dharma zurückfällt. Der Premierminister von Mandadipa, der einst in einen Papagei verwandelt worden war, fuhr bis zu seinem Tode fort, sein Amt von seiner Stange aus auszuüben, und die Türen der ersten Hauptstadt hatten während Jahren keine andern Wächter als Vamps und Kobolde von so später und zerstreuter Reue, daß sie immer noch verspätete Reisende verschlangen.

Auch heute gibt es noch haufenweise Zauberer, aber Sie werden keine finden – wenigstens nicht in meiner Gegend –, die gefürchteter sind als die des Dorfes M... Man wird Ihnen nicht sagen können, warum; es ist wie eine sehr alte Überlegenheit im Übeltun, die man ihnen – ungern zwar – zugesteht, und diese Nachbarschaft ist für meine kleine Stadt Anlaß ständiger Besorgnis. Wir sind ja hier, was die Magie angeht, schon verwöhnt. Alles ist Vorwand zur Hexerei, die Besessenen drehen sich um sich selbst, Schaum auf den Lippen, und schnarren wie Kreisel, alle unsere Nächte werden von Trommeltönen durchzogen, und jeder verwendet ein wenig Energie oder Geld, um sich vor diesen wirklichen oder eingebildeten Intrigen seiner Nachbarn zu schützen. Aber ehrlicherweise muß man doch zugeben, daß auch die Dämonen ein wenig eingeschrumpft sind, so lange schmoren sie schon im Kochtopf meiner Stadt. Sie tragen zum allgemeinen Trara, zum Gehenlassen, zur Lethargie bei, und der Wirt, der ein umsichtiger Mann ist, versichert mir, daß sie dazu noch unermüdliche Schwätzer seien. Unsere Exorzisten ihrerseits glänzen nicht durch ihre Tugend. Es sind Nichtstuer, die ihrer Schale Reis sicher sind und keine der Enthaltsamkeiten praktizieren, die ihr Tun wirklich wirksam machen würden. Auf der einen wie auf der andern Seite ist die Schneide stumpf geworden. Wir feilschen mit unseren Schatten, wir zanken uns mit unseren Gespenstern, und meistens wird die Sache gütlich geregelt. Wenn sich eine Angelegenheit doch noch verschlimmert, so darum, weil jemand die Spielregeln nicht eingehalten hat oder – wer weiß? – plötzlich aufgewacht ist. Noch ein paar Generationen, und unsere Magie ist so viel wert wie unsere Politik.

In M... ist es etwas anderes: das alte Gift hat nichts von seiner Gewalt eingebüßt. Man gibt sich in einem Atemzug die Gesten und Formeln weiter, die die Wurzeln aller okkulten Schäden sind. Der großen wie der kleinen. Von denen, die die Milch im Lederschlauch sauer werden oder Exkremente auf ein Hochzeitsmahl regnen lassen und die man mehr als Schikanen oder Warnungen ansehen muß, bis zu den bedeutenderen Verhexungen wie die, die plötzlich den Barbier mit einem so heftigen Schmerz zwischen die Schultern schlägt, daß sein Rasiermesser wegfliegt, niedersaust und eine eingeseifte Kehle durchschneidet. Das ist schon ärgerlich, aber es ist nun mal so; man muß sich also damit abfinden. Wenigstens hat man das Vergnügen zu wissen, woher die Streiche kommen. Im Bazar, wenn ein Paar Elstern auf der Auslage des Goldschmieds herumpickt und mit einigen Spangen, Ringen und Anhängern aus feinem Gold verschwindet, ergreift der Unglückliche sofort seinen Schirm und macht sich gesenkten Hauptes auf den Weg nach M..., um seine Ware zu einem Preis zurückzukaufen, der noch auszuhandeln ist. Auf dem ganzen Weg fragt er sich, was er »ihnen« wohl getan haben könnte oder einfach getan habe, und es genügt, daß er sich so fragt, um sich ganz schwarz von Übeltaten zu fühlen, die er sich Mühe gegeben hatte zu vergessen. Auch wenn die Zauberer von M... uns manchmal als Gewissen dienen, so müssen sie doch noch öfter als Alibi herhalten, da man ihnen hier alle Mißerfolge zur Last legt, die auf Faulheit, Unfähigkeit oder Schlamperei zurückzuführen sind. Und wenn die Geschäftsleute vom Bazar die ersten sind, die sich erbärmlich hinter dieser Art Ausreden verstecken, so deshalb, weil sie die ersten Opfer dieser Situation sind. Die Käufer von M... – ganz unverfrorene Hitzköpfe – kommen zahlreich hierher und haben wenig Geduld. Wenn sie es satt haben zu feilschen, genügt in den Verhandlungen auch nur der Schatten einer Drohung, damit der Verkäufer sofort nachgibt und der Kunde schnellen Schrittes weggeht, seine Einkäufe unter dem Arm. Man weiß nie, mit wem man es zu tun hat. Es ist besser, etwas von seinem Gewinn einzubüßen, als am nächsten Morgen mit einer so geschwollenen Zunge im Mund zu erwachen, daß man sie kaum mehr darin bewegen kann, oder überhaupt nicht mehr aufzuwachen. Es ist auch besser, mit jenen Nachbarn vorsichtig umzugehen, deren Dienste, mit genau festgesetztem Tarif, in so vielen delikaten Angelegenheiten – sagen wir mal: für eine kleine Erbschaft – die einzigen sind, die einen aus der Affäre ziehen können.

M... ist wie der Schatten meiner Stadt, der Preis, den sie für ihre Schlappheit zahlt, das letzte Mittel, das ihr zur Verfügung steht, um ihren Schlaf, der dem Tode gleicht, zu stören; wir haben diese Zauberer so nötig wie das Vergessen den Sand.

X

Der Skorpionsfisch

»Im Norden ist eine Frau,
du siehst sie,
und du verlierst dein Königreich,
du siehst sie wieder,
und die Welt verschwindet.«

Nikos Kazantzakis

April. Erste Woche des Südostmonsuns. Durch eine geheimnisvolle Osmose schwellen Gesichter und Körper von Feuchtigkeit an. Die Gäste der Herberge sehen aus, als wären sie gesotten worden. Gestern war der Postbote mit seinen beweglichen Schweinsaugen wie eine Schote, die gerade aufspringen wird. Zwei Briefe: meine Mutter … und als ich den anderen sah, stand mir fast das Herz still. Ich gab dem Briefträger eine Rupie, damit er abhaut, anstatt – wie er es gewöhnlich tut – endlos die wenigen Dinge zu betätscheln, die mich bis hierher haben begleiten wollen.

Meine Mutter: Blindheit ist oft das Kind der Liebe; sie versteht meine Briefe nicht. Wenn man ihr glauben will, so sind die Dinge hier überhaupt nicht so, wie ich sie beschreibe. Sie weiß das einfach so und auch von Freunden, die eine flüchtige Luxuskreuzfahrt für einige Tage ins einzige Palace der Hauptstadt geführt hat. Ich bin doch auf der Insel-des-Lächelns-und-des-Mondsteins, aber ich sehe alles schwarz, um ihr Sorgen zu machen. »Alle diese schlechten Leute« existieren nur in meiner Vorstellung. Wenn sie an das Kind denkt, das ich war, die Spange im Haar (die ich wütend in die Tasche steckte, kaum hatte ich das Haus verlassen), Czerny und das Klavier, die witzigen Bemerkungen – dumm und oft vorbereitet –, die ihre Besucher so entzückten. Kurz, ein süßes Kerlchen. So wie ich mich von hier aus sehe: ein zuckersüßer und pedantischer Brävling, ein geschickter Lügner, immer so ausstaffiert, daß die Kameraden losbrüllten. Für den, der zwischen den Zeilen lesen kann, sind das Fortsein und das Reisen nicht gut für mich. Folgt die Liste meiner Altersgenossen, so glücklich in ihren zukunftsträchtigen Stellen. Und dazu noch verheiratet. Die Universität, so scheint es, wartet nur auf meine Rückkehr. Und der Parther-Pfeil, mein »Ton« (subversiv?) gibt meinem Vater so zu denken, daß er zu bekümmert ist, um mit mir darüber zu sprechen. Mein Vater? mit seinen guten intelligenten Cockeraugen und seinem Clownvornamen, ich glaube vielmehr, daß er sich im geheimen amüsiert und gerne auf das geschundene Pferd setzen würde, das ich geworden sei. Er mischte sich auf jeden Fall nicht in den Streit und begnügte sich damit, unten auf der Seite mit seiner feinen Humanistenschrift die Liste der Geschenke beizufügen, die er zu seinem sechzigsten Geburtstag bekommen hat: eine Gartenbank, eine grüne Schürze mit großen Taschen, eine Baumschere, ein Buch über Bienen, ein Töpfchen Honig. Keine Spur von Besorgnis darin. Und dieser Kommentar: »Alles, was ein Bär in einem Weihnachtsmärchen geschenkt bekommt.« Ein Tag seines Lebens in einem Augenzwinkern. Irgendwann in seinem Dasein hat ihn eine Kränkung, von der ich nichts weiß, auf eine gewisse Art zum Schweigen gebracht. Wenn er findet, daß eine Sache es verdient, berichtet zu werden, ist er ein unvergleichlicher Erzähler. Er läßt seine Geschichte ablaufen wie ein Seil zwischen den Fingern; seine Zuhörer sind verblüfft – und nehmen es sich fast übel –, an den Lippen eines so bescheidenen Mannes gehangen zu haben. Meistens zieht er es vor, sich an der Grenze des Schweigens durch ein Augenzwinkern auszudrücken. Dieses Augenzwinkern ist ein richtiges Augenzwinkern; ich beginne zu entdecken, daß das Schweigen vollgepackt mit Humor und geduldiger Weisheit ist wie ein Knallfrosch. Es hat mich denn auch nicht daran gehindert, ihn trotz einigen unausweichlichen Auseinandersetzungen für einen der liebenswürdigsten Menschen zu halten, denen ich begegnet bin.

...»Alle diese schlechten Leute« (!?!?). Gestern titelte die größte Tageszeitung der Hauptstadt frohlockend »No Murder Today!«. Kain hat heute frei; man brüstet sich damit. Mit einem weißen Stein zu markieren. Man bringt sich enorm viel um auf der Insel des Lächelns. Man verhext einander und stirbt daran. Und an den Tagen der Mondfinsternis, Mutter, verschlingt der Dämon Rahu den umherirrenden Mond. Letzthin sah ich, an einem Morgen, in dem kleinen Café, wo ich einige Butterbrote frühstücken gehe, einen Docker – von der Armut ausgetrocknetes Fleisch, ohne Alter – einen andern tödlich verletzen neben dem Spielautomaten, an dem er dreimal hintereinander verloren hatte. Mit einem Machetenhieb, der fast die Schulter abtrennte. Amok. Der Wirt entwaffnete den Schuldigen problemlos – der war völlig erledigt – bis zum Eintreffen der Polizisten, die ihn mit schöner Schrägschrift mit violetter Tinte in ihr Register eingetragen, gefesselt und mitgenommen haben. Er wird in sechs Wochen gehängt werden, und er weiß das. Wir führten den Sterbenden ins Spital gerade nebenan, verbrachten mehr als eine Stunde damit, das Blut aufzuwischen, das über die Fliesen floß, dann kehrte jeder wieder zu seinen Beschäftigungen zurück, von denen die wichtigste ist, unter der Hitze zu leiden. Kleines Leben, kleines Unglück, Hitzeanfall, Gewalttätigkeit. Alle diese schlechten Leute! Und alle Briefe meiner Mutter stecken mich wieder in kurze Hosen, so wie etwa mit sieben Jahren. Wenn ich nicht soviel und Besseres zu tun hätte, würde ich ihr haarklein wie in einem Zeitlupenfilm dieses friedliche Gemetzel beschreiben, diesen ruhigen Wahnsinn, das Schlachthauskrachen des angehackten Knochens und unsere Gleichgültigkeit nachher, und den faden Geruch der Reinigung, bei der wir alle mitgemacht haben, so eilig hatten wir es, wieder zu unseren schäbigen Gewohnheiten zurückzukehren. Es ist hoffnungslos: nie werde ich diese Festung unschuldiger Rechtschaffenheit ins Wanken bringen. Du, Papa, schweig nur weiter! Geh nicht über das Postskriptum hinaus. Bleib der Bärenkönig oder der chinesische Gelehrte, der du in einem anderen Leben warst. Mir soll's recht sein; du gefällst mir so.

Wieder zurück nach Hause, werde ich genug Augenzwinkern für dich haben. »Wer spricht, weiß nicht; wer weiß, spricht nicht.« Einverstanden, August?

...Den andern Brief – diese großen ungezwungenen Schleifen, die über den Umschlag galoppieren –, während sechs Monaten habe ich ihn erwartet. Was fängt sie mit ihrem Leben an? In wessen Gesellschaft? Wen hat sie in ihr von Kräutern und Blättern brennendes Bett gelegt? Werden wir uns nächstes Jahr in Kalifornien wiedertreffen, wo »Harper's Magazine« mir Arbeit angeboten hat? Es ist ein dicker Brief mit einem kleinen, harten Gegenstand darin. Ich wagte nicht, ihn zu öffnen, bevor ich versucht hatte, den Tag zu meinen Gunsten zu beeinflussen. Die Reise wie auch mein bescheidenes Leben haben mich etwas zum Ritualisten gemacht. Rasiert, geduscht. Mein Zimmer gewischt wie ein Mönchlein, das seine Zelle aufräumt, bevor er sein Missale öffnet. Ich rieb sogar den Buddha auf meiner Kredenz mit Palmöl ein, um das Holz zu nähren, bis seine kleine, von den Termiten angenagte Visage vor Vergnügen aufleuchtete. Ging durch den Markt und kam zurück mit einem Fladen großblättrigem Schwarztee, einem Pfund kleinen grünen Zitronen, einer Flasche Bier, einer Scheibe Schwertfisch, überzogen mit schieferblauer Haut, so zäh wie Leder. Eine Schachtel Peacock-Zigaretten. Diese Einkäufe, um meinen Primuskocher herum abgelegt, geben den Eindruck eines Mannes, der seiner Sache sicher ist und sich bestimmt ausdrückt. Arbeitete den ganzen Nachmittag an der Beschreibung der Schlacht von Kadesh (1286 v. Chr.). Ich mag die Hethiter, ihre ländliche und so milde Zivilisation, die unter dreitausend Jahren anatolischem Weidenblätterhumus schläft. Das ist hier für mich ein Gegengewicht von Frische und der Moment, noch genaue Bilder in meinem Geist festzuhalten. Ich kann auch hoffen, diesen Artikel zu verkaufen. Ich mag die Hethiter, weil sie Schikanen verabscheuten. Alles, was ich von ihnen kenne, ist ein unermüdlicher Appell an den gesunden Menschenverstand. Wenn sie wirklich gezwungen waren, Krieg zu führen, so gewannen sie ihn dank ihrer Kampfwagen und einer schlau ausgeklügelten Taktik. Ramses II. hätte besser keinen Streit mit ihnen gesucht. Entgegen seinen Triumphreliefs bekam er doch ganz schön aufs Dach. Ich sah die Schlacht am Oronte, als wäre ich dabeigewesen: der von den Wagen aufgewirbelte Staub, die Tiaren, die Todesschreie, die Kontingente von Griechen und Philistern, eingesetzt gegen die Ägypter, die klingenden Schmuckstücke der Huren, die den zwei Armeen folgten. Ich hatte einen klaren Kopf; die Worte, die mir kamen, wogen schwer wie ein Stein in der Tasche, gerade recht für die Schleuder von David. »David beleidigte den Himmel, indem er Bathseba in sein Bett legte, die die Frau war von Uri dem Hethiter und von sehr schöner Gestalt« (2. Samuel 11,27). Und er befahl ihren Mann mitten ins ärgste Kriegsgetümmel, um ihn loszuwerden. Das Alte Testament wimmelt nur so von Hethitern – verkaufen hier eine Grabstätte, kaufen da einen Weinberg –, und ein Bibelzitat ist Gold wert für einen amerikanischen Verleger, besonders einen liberalen. Ausgezeichnet.

Ich hatte drei große Seiten gefüllt, als ein schwarzer Skorpion von den Balken meiner Decke in meine Teeschale herunterfiel. Unaufmerksam? Von einem Bruder zum Scherz gestoßen? Ich sehe an seiner Größe, daß es ein Grünschnabel vom letzten Regen ist, ganz in Panik. Ich weiß jetzt, wie ich es mit diesen kleinen Wappenkleinoden anzustellen habe: sie zwischen Daumen und Zeigefinger gerade unter dem Stachel erwischen. Ich stellte ihn auf den Boden, den er wie der Blitz überquerte, um in einer Mauerritze zu verschwinden, wo er warten wird, bis seine Mutter ihn holen kommt.

Sie ist ja auch ein Skorpion und »von sehr schöner Gestalt«, das ist also mein Wohltätigkeitstag.

Ich räumte meine Arbeit weg und zog meinen Stuhl auf den Balkon, um mir das dick aufgetragene Farbbild der Abenddämmerung anzuschauen, während mein Schwertfisch in den Zitronen köchelte. Träumend, das Kinn in die Hände gestützt...

...Sich verlieben – tomber amoureux, fall in love. Warum »fallen«? »Steigen« wäre richtiger. Liebe ist aufsteigend wie das Gebet. Aufsteigend und verrückt. Bei den Isoptera bekommt jedes Geschlechtstier sofort sein Paar Flügel. Ich hatte sie wieder vor Augen, eines Nachts neben mir auf dem Damm des Hafens meiner Heimatstadt. Sommer, Stille, kurz vor Morgengrauen. Ich kannte sie seit einer Woche (Kant, Hermann Hesse, Tennis). Ich fand sie großartig. Wir gingen im selben Schritt, geräuschlos. Ich würde den Ort ohne Mühe wiedererkennen, wo ich etwas wie einen blendenden Riß im Dunkel spürte, wo meine Lungen vom Glück verschlungen wurden. Das Leben plötzlich geschärft, musikalisch, klar und deutlich. Nur nichts sagen. Aus den Augenwinkeln versuchte ich zu sehen, wie weit sie war. Halbes Lächeln vor weißen Zähnen, lange Schritte, ein Wellenkamm. Kein Wort. Aber ich mußte doch irgend etwas tun. Ich umfaßte den großen gestrichenen Mast, der auf der Mole steht, und kletterte bis zur Spitze, ohne die Anstrengung zu spüren. Von dort oben die letzten Lichter des Ankerplatzes, gespiegelt auf dem dunklen Wasser. Sie nicht größer als ein Rosenstock. Man sollte glauben, daß auch diese Art von Geständnis beredt ist: als ich außer Atem herunterkam, die Hände voller Splitter, fand ich sie außer sich vor Lachen, die Augen vor Ungeduld funkelnd, schon halb ausgezogen. Steigen ...

Der Brief, zwei Monate zuvor in Hamburg mit Schiffspost aufgegeben, enthielt ihre Heiratsanzeige, auf die sie gekritzelt hatte: »Tut mir leid, ciao und gute Reise«, und einen goldenen Fisch – ich bin Fisch –, so lang wie der Nagel des kleinen Fingers. Auf dem Bristolpapier stand *Dr. phil. M ...,* die Dissertation über Renan war also abgeschlossen. Schon zwei Jahre her. Gott, wie die Zeit vergeht! Ist es Laclos, der geschrieben hat: »Das Schlimmste an der Eifersucht ist, daß sie die Liebe so lange überlebt«? Ich fürchtete wohl, daß dieses Mal das Gegenteil der Fall war. Ich war nicht eifersüchtig. Ich war zu weit und zu lange weggefahren. Alles, was ich ihr hatte schreiben können, hatte nicht verhindert, daß ich ein Schatten geworden war. Ich holte aus meinem Koffer das Photo, das mir so oft eine Hilfe gewesen war, und schaute ein letztes Mal dieses blendend aussehende Gesicht an, bevor ich es mit meinem Feuerzeug in Brand steckte. Dann ging ich hinunter, dem Wirt den Fisch schenken, indem ich ihm erklärte, daß es sich um ein westliches segenbringendes Sternzeichen handle, das zu keiner schwarzen Magie Anlaß geben könne. Er zog einen roten Seidenfaden durch die winzige Öse, die am Ende des Schwanzes war, und hängte das Amulett um den Hals seines Sohnes Puthah. Puthah ist ein dicker dreijähriger Junge mit vorstehenden Augen, der so gut wie überall im Hotel die Hosen herunterläßt unter den nachsichtigen Blikken der Pensionäre. Er trägt auf der Stirne den kleinen Erdfleck der Shivaiten und ist glücklicherweise zu faul, die fünf Stufen hochzusteigen, die zu meinem Zimmer führen.

»Tut mir leid«, und mir erst! Ein Grund weniger, nach Europa zurückzukehren. Von jetzt an jedem sein Leben, jedem seine Musik; für einige Zeit wird die meine nur ein Knirschen sein. Jedem seinen Krieg auch; meiner – der nie gewonnen sein wird – wird dadurch nicht leichter. Weinrote Lumpen fransten noch an dem fast schwarzen Himmel aus. Bald war die große Auflösung der Farben zu Ende. Auch ich war wie ein General auf wilder Flucht, dessen Armeen sich in Blitzeseile auf geheimnisvolle Weise aufgelöst haben.

Versucht, mich wieder an die Arbeit zu machen, um gegen die Bilder, dic mich heimsuchten, anzukämpfen. Wenn man wüßte, was auf einen zukommt, würde man es nie wagen, wirklich glücklich zu sein. Als ich das Alte Testament wieder hervornahm, stieß ich auf die drei Worte »Jakob blieb allein«. Und dazu noch mit einer ausgerenkten Hüfte vom Kampf mit dem Engel! Keine Spur von einem Engel hier, ich komme besser davon als er. Faß dich wieder, Caliban, erwache, du Wirrkopf mit deiner Reiserei, deinen Plänen, deinem ewigen Kommen und Gehen, deiner Sucht nach immer neuen Horizonten. Was du nie aufgehört hast zu suchen, ist vielleicht hier, jetzt, in diesem brutheißen Zimmer, in Reichweite, kauert im Dunklen, und nur im Dunkeln.

Am gleichen Abend, etwas später

»Mädchen, Mädchen
wenn du glaubst
daß sie daß sie daß
sie immer dauern wird
die Zeit der L...
Zeit der Liebe.«

Raymond Queneau

Das unruhige Grollen, das durch den Regenschauer zu mir drang, war nicht in meinem Kopf. Es kommt gerade unter meinem Balkon hervor. Ich habe noch keine Scheren, aber ich fange an, Antennen zu haben. Ich spüre in meinen Knochen, daß die Termitenkolonie, deren Expeditionen so oft meine Wände und meinen Boden benutzen, daran ist, den schlechten Zement des Hofes zu sprengen, und eine mehrere hundert Jahre alte

Festung in Gefahr bringt, um ihren Hochzeitsflug ausschwärmen zu lassen. Hier wie überall ist der Drang des Herzens nicht ohne Gefahr. Es ist jetzt Nacht geworden, der Regen hat aufgehört, der Boden ist aufgeweicht, man kann das Unternehmen wagen. Die Ameisen, die es vor mir gemerkt haben, bereiten fieberhaft einen Einbruch in die Spalten vor, die sich gerade geöffnet haben. Sie sind nicht allein; in einem Umkreis, der weit über die Herberge hinausgeht, vibrieren oder knacken gierig Kiefer, Schnauzen, Stacheln, Antennen, Spürhaare, Mandibeln. Tausendfüßler, Nachtschwalben, Spinnen, Eidechsen, Nattern, diese ganze schöne Bande von Mördern, die ich so langsam kenne, ist auf dem Posten. Ging hinunter, mir dieses Gemetzel anzusehen, eine Sturmlaterne in der Hand. Durch die Ritzen des geplatzten Betons stiegen die Flugtermiten dicht gedrängt aus der Erde hoch für ihre Hochzeit, die Flügel noch an den Körper geklebt, ihr neues Brustschild glänzend wie die schwarzen Perlen im Bazar. Jünglinge und Jungfrauen, während Jahren in der Dunkelheit gehegt und gepflegt, in totaler Sicherheit, wofür es in unserer ungewissen Existenz kein Beispiel gibt, wissen nichts von der Gesellschaft von Übeltätern, Schmarotzern und Halsabschneidern, die sich versammelt hat, um sie an ihrem ersten Ball zu empfangen. Sie schüttelten sich am Rande der Spalten und hoben ab als rußiggraue, summende Wolke, die die Sterne verdeckte. Kurzes Entzücken. Nach einigen Minuten der Trunkenheit fielen sie in einem leichten Regen wieder nieder, verloren ihre Flügel, suchten einen Riß, wo sie mit ihrem Partner verschwinden konnten. Diejenigen, die in den Hof fielen, hatten nicht die geringste Chance, den Patrouillen der roten Ameisen zu entkommen, die das ganze Gelände beherrschten. Sieben bis acht Millimeter große rasende Infanteristen, die sich um geharnischte Soldaten, groß wie Bohnen, scharten, welche diese wehrlosen Verlobten ernteten und sich zirpend entfernten, wobei sie in ihren Zangen Bündel von toten oder verstümmelten Opfern hochhielten. Andere von diesen Kriegsmaschinen versuchten, geführt von ihrem Fußvolk, in die Festung einzudringen durch die Breschen, die die Termitensoldaten Seite an Seite verteidigten. Ich hatte diese eigenartigen Dienstverpflichteten – Produkte tausendjährigen Sinnens der Termitenoberen – in ihrer phantastischen Aufmachung oft an meiner Wand bei einfachen Polizeieinsätzen gesehen (Eskortieren einer Arbeiterkolonne, Bedrohen eines leichtsinnigen Störenfrieds): weicher Bauch, Brustpanzer und der enorme birnenförmige Kopf, der den Gegner mit einem Tropfen klebriger und ätzender Flüssigkeit bespritzt. Von der Seite sind sie winzige Ritter in Turnierrüstung mit gesenktem Visier. Und tollkühn. Einige Zentimeter von der Spalte erhielten die Angreifer Salve um Salve und fielen bald auf die Seite, strampelten wie verrückt, bis ihre Gelenke ganz steif waren von dem Staub, der daran kleben blieb. Die zerhackten oder entführten Verteidiger wurden auf den Zinnen sofort ersetzt. Hier und da verließ ein Draufgänger seinen Graben und sprang ins Getümmel, um seine Salve besser anzubringen, bevor er in Stücke geschnitten wurde. Auf der einen wie auf der andern Seite weder Flüchtende noch Feiglinge, nur Tote und Überlebende, die es so eilig hatten zu kämpfen, daß sie darüber das Licht meiner Laterne vergaßen und in meine riesigen nackten Füße zu beißen. Wenn wir uns ebenso ins Zeug legten, wären unsere Unternehmungen öfter erfolgreich. Gepfeife, Stöße, Geschrei von Kämpfenden, Sterbenden, Wütenden, Chitingedröhne. Manches Scherenklappern konnte man zwei Meter weit hören. Das Rumoren, das von dieser Schlächterei emporstieg, erinnerte an ein Rebfeuer. Vor Morgengrauen begannen die Ameisen ihren Rückzug und die Termitenarbeiter unter dem Schutz der Soldaten die Breschen zuzustopfen. Ausgemauert, werden sie ihr Haudegenleben blind, der Sonne und einigen anderen Feinden ausgeliefert, beenden. Zu diesem Preis hat das Termitenvolk seinen Einsatz gewonnen. Die herumstreichenden oder ins Innere dringenden Gegner sind schon getötet, in Stücke zerlegt, zu Mehl verarbeitet für Hungerzeiten. In der Zelle aus dem härtesten Zement, wo sie als Gefangene lebt, erfährt die riesige Königin die Neuigkeit. Einer ihrer Schweizer Gardisten ist gekommen, ihr von Antenne zu Antenne zu sagen, indem er komisch seinen großen Kopf schüttelt, daß »Marlborough zurückgekommen sei«. Es ist die Stunde des unterirdischen *Te Deums.* Und auch diejenige, in der wiedergefundenen Sicherheit die Verluste zu zählen, die erschreckend sind. Und die reduzierten Bestände – Soldaten, Arbeiter, Geschlechtstiere – wieder exakt zu ergänzen. Durch Genmanipulationen, von denen wir, wie es scheint, glücklicherweise nichts verstehen. Auf jeden Fall wählt niemand in diesen Lehmkatakomben sein Schicksal. Habe ich denn meines wirklich gewählt? Bin ich aus eigenem Willen hier stundenlang sitzen geblieben, außerhalb meines Maßstabs, habe diesem Massaker zugeschaut und darin ein Zeichen gesucht?

Die ersten Sonnenstrahlen weckten mich, als sie mir eine Wange wärmten. Ich war am Boden eingeschlafen neben der Laterne, die immer noch pfeifend brannte. Ich hatte die Augen auf Bodenhöhe. Um mich herum war der Hof bedeckt von einem Staub aus silbrigen Flügeln, leeren Panzern, abgetrennten Beinen und Köpfen, aufgebrochenen Rüstungen. Einige große, verklebte Ameisen bewegten sich noch schwach. Die Schaben, Abfallverwerter und Frühaufsteher, waren schon an der Arbeit in diesem Friedhof. Ich fragte mich, ob dieser Unglückstag vielleicht sogar einen Namen tragen würde in den Annalen meiner winzigen und geheimnisvollen Gefährten. Und ob er wohl einen in meiner Geschichte haben würde.

XI

Neugieriges Früchtchen

»Denn nun sind wir im ältesten Land angekommen, da wo die Mächte der Dunkelheit herumschweifen.«

Rudyard Kipling

An einem Tag, wo ich ganz verloren war, und auch, weil mir all die Märchen, die ich hier höre, keine Ruhe ließen, ging ich bis nach M... Es ist ein Marktflecken im äußersten Süden meiner Insel, wohin ein Autobus, dessen zerrissene Samtsitze auf die Kindheit Eduards VII. zurückgehen, für zwei Rupien führt. Ich ging zu Fuß dahin, zählte darauf, daß ich durch die Bewegung wieder ein wenig zu mir kommen würde. Wie so oft hier, macht die Straße großen Aufwand an unnötiger Schönheit. Es ist eine Straße, die, auf der einen Seite von der Brandung angefressen, auf der andern von überschwenglichen Hyazinthen, unter hohen Kokospalmen geradeaus führt. Lange, fast leere, verwahrloste Reiterallee, die wohl zum Zufluchtsort irgendeines gestürzten Menschenfressers führen könnte. Stellen Sie sich vor, wie an Gewittertagen die Kokosnüsse aus zwanzig Metern Höhe niederhageln, auf dem Boden wie Splittergranaten aufspringen, das Palmdach der Karren zerfetzen oder den Passanten erschlagen, der seinen Sarong nicht bis zu den Hüften hochgerafft hat, um die Beine in die Hand zu nehmen. Wenn das Wetter sich wieder beruhigt hat, ist die Straße von offenen Schalen übersät, die sofort vom rasend mobilen und gefräßigen Volk von Krebsen ausgeputzt werden, die mit ihrem Seitwärtsgang den Weg überstreifen oder hoch auf ihren Beinen so tun, als ob sie einem den Durchgang verwehren wollten. Lange bevor man das Dorf erreicht, sieht man den riesigen Baum, in dessen Schutz es fast ganz steht. Es ist ein Fürst von einem Banyan, dessen Wipfel die der höchsten Kokosbäume um fünfzig Ellen überragt. Darüber eine schwarze Säule, die sich träge dreht, sich auflöst, sich mit undeutlichem Geräusch wieder vereinigt und die ich von weitem für einen Schwarm von Raben hielt. Es sind aber Vampire, die in einem Schwarm den Baum verlassen, wo sie den ganzen Tag geschlafen haben, aufgehängt mit dem Kopf nach unten, ihre dreieckigen Ohren gegen den Boden gerichtet. Als ich dort ankam, waren in den unteren Ästen nur noch wenige von diesen dunklen Früchten, die sachte ihre Flügel entfalteten und dabei ihre seidigen Nuttenbäuche enthüllten, aufflogen, in Spiralen höher stiegen und sich diesem abendlichen Hexensabbat anschlossen. Unter diesem schwarzen Schirm ruhte das Dorf in gefiltertem Licht. Zwei Sträßchen, ein Platz am Strand, wo die Barken mit Auslegern schon für die Nacht an Land gezogen waren, und einige Verkaufsstände, die momentan verlassen waren und deren Messingwaagen unerklärlich in der unbeweglichen Luft klingelten. Zwischen den Buden hockten ein halbes Dutzend angegraute Typen um die Hackbank eines Metzgers, die von Fliegen nur so summte, und rauchten schweigend. Ich grüßte sie im Vorbeigehen, ohne ihnen ein Wort oder einen Blick zu entlocken, ging zum Strand und legte mich dort hin, das Kinn in den Händen, und schaute zum Platz hinüber. Sah noch, wie einer jener Bettelbonzen, deren Frechheit und Unverschämtheit man kennt, sich, ein Glöckchen schüttelnd, der Gruppe näherte, sie sich genau anschaute und einen Bogen um sie machte, so wie ein schlechter Hund an anderen noch schlechteren Hunden vorbeigeht. Der Weg hatte mich ermüdet, und ich schlief ein wenig. Als ich wieder erwachte, war das Meer zinnfarben geworden; die Vampire brachen ihren kreisenden Flug ab und zerstreuten sich in alle vier Himmelsrichtungen. Die Abenddämmerung floß über von heimtückischer und prunkvoller Schönheit. Die sechs Kumpane stocherten lässig im Feuer, das sie gerade angezündet hatten. Die Flamme brachte das Weiße der Augen in ihren dunklen Gesichtern zum Leuchten. Ich hörte ihre gedämpften Stimmen und sagte mir, daß ich hier besser nicht länger bliebe. Als ich mich erhob, spürte ich, wie eine Hand, groß wie ein Schlagholz, mich in den Rükken stieß, machte taumelnd zwei Schritte und fiel zu Boden. Ich drehte mich, die Zähne knirschend von Sand. Natürlich sah ich niemanden, nichts außer einem großen dunkelblau getupften Rochen, der noch in den Netzen hing und in einem scheußlichen Gestank verendete. Einen Störenfried oder einen Eindringling auf Distanz zu Fall bringen ist einer der gewöhnlichsten Tricks, den die Zauberer schon seit jeher auf dem Subkontinent anwenden. Vor allem an Markttagen, wenn das Opfer unter dem Gewicht seiner Einkäufe zusammenbricht. Es war trotzdem eine Warnung. Wenn Ihre Gegenwart unerwünscht ist, so gibt es hier mehr als nur eine Art, es Sie merken zu lassen. Diese und andere, radikalere, die ich keine Lust hatte, am eigenen Leibe zu erfahren. Es war dunkel geworden. Ich ging den Strand entlang und machte mich wieder auf den Weg zurück nach Galle, wobei ich mich viel öfter als nötig nach dem Geräusch meiner eigenen Schritte umdrehte.

Der Bericht meines Aufenthalts in M ... und des Empfangs, den man mir dort bereitet hatte, brachte mir in meiner Herberge einen Achtungszuwachs, den ich bitter nötig hatte. Um einschlafende Diskussionen zu beleben, hatte ich ein Thema gefunden, ein ausgezeichnetes dazu. Die okkulten Machenschaften, das war die Marotte meiner Freunde. Die Angst, die jenes von Salz und Sonne durchgebratene Dorf ihnen einjagte, ergoß sich zur Stunde, wo der verschüttete Arrak die Messingbecher an die dreckigen Tische klebt, in abendlichen Klagen, in Erzählungen von Gefahren, denen man knapp entgangen war. Sogar meine Trotzkisten von der »Oriental Patissery« wußten unerschöpflich von den Missetaten und der Macht dieser Nachbarn zu berichten, die – dafür bürgten sie – »nur den Finger auszustrecken brauchten, um den Mond zu berühren«. Es war an diesem Abend, als sie mich fragten, was es in meinem Land an »Jadoo« (schwarzer oder weißer Magie) gebe. Ich wußte nicht, was ich sagen sollte, ich stammelte ... »Bei uns knarren die Schuhe, die man nicht bezahlt hat ... Die Hexen fliegen rittlings auf Besen.« Was ihnen natürlich mager schien und nicht sehr klug. Warum sich mit einem Besen belasten, wenn man hier nur ein »Mantra« zu murmeln braucht, um wie ein Funke durch die Nacht zu sausen. Es ist genau dieses mechanistische und nutzorientierte Denken, das den Westen seit Archimedes und Leonardo verblendet und arm macht. Man glaubt hier, daß wir mit der Erfindung der Schubkarre oder der Winde psychische Kraft eingebüßt haben und daß uns nach der Dampfmaschine nichts mehr davon geblieben ist. Was den scheuen Protest der Schuhe anbetrifft ... Hier wären die Füße des Diebs in seinen Sandalen verfault, noch bevor er um die Ecke gebogen wäre.

XII

Im Theater heute abend

Der letzte nächtliche Regen ist wie durch einen Sensenstreich weggemäht. Das Meer ist glatt. Das Wasser tropft von meinem Balkon. Die Stadt dampft und ist wieder in ihren üblen Schlummer zurückgefallen, ihre Gerüche kommen in Schwaden zu mir wie der Atem eines Schlafenden. Zitronell, die Stockfische aus dem Lebensmittelladen, der fade Gestank der Latrinen in meinem Hof, wo die Spinnen einen lärmigen Schabenfestschmaus halten. In der Stille, die die Brandung ausspart, braucht man nur die Ohren zu spitzen, um das Chitin knacken zu hören.

Und nicht die geringste Spur oder der flüchtigste Zipfel einer Idee. Der Tag wollte mich nicht. Ich konnte ihm kein Krümelchen entreißen, und doch ist mein Kopf dumpf und heiß. Wenn mich meine Beine tragen würden, ginge ich auf die Bastionen, um dort von der flüchtigen Frische zu profitieren. Ich weiß, daß hinter meinem Rücken die Sträßchen des Forts wie jede Nacht ihre unheilvolle Pavane-Schönheit wiedergefunden haben, die mich am Anfang so sehr verführt hatte. Es ist wahr, daß wir hier, was die trübe Leuchte des Kreuzes des Südens betrifft und den Samtglanz der Farben, die sich heimlich im Dunkeln ausruhen, wirklich verwöhnt sind. Ich lasse mich nicht wieder erwischen. Ich habe genug Schatten in meinem Kopf, und dieses düstere, inhaltslose Kino ist wirklich zu viel für einen einzigen Zuschauer, vor allem einen zerbrechlichen, wie ich einer geworden bin. Ich möchte trotzdem wissen, was sich da auf meine Kosten zusammenbraut und woher die verbohrte Beharrlichkeit kommt, die mich hier zurückhält. Um mich herum ist die Nacht voll steinerner Einhörner, die sich die Stirne bieten, und auf den Bastionen voll rostiger Anker mit dem Wappen von Oranien, so schwer, daß man es den Hyazinthen überläßt, sie zu begraben. Da bin ich nun, eine Lache Schweiß unter jedem Ellbogen, und führe Selbstgespräche in diesem leeren Theater – wo der Monolog der Sache nie gewachsen sein wird – und schaue, ohne ihn zu sehen, zu dem Rochenkopf hin, der auf meinem blauen Primuskocher schmort. Undenkbar, daß sich niemand gefunden hat, der ein Repertoire, dieses äquatorialen Schauplatzes würdig, zusammengestellt hätte, daß man weder Tragödien noch Opern aufgeführt hat auf diesem alten holländischen, von den Ziegen abgegrasten Vorgelände, daß nicht federgeschmückte Hüte den Staub vom Boden gewischt haben zu Ehren von Desdemona oder Cressida! Und das vor dem größten Schmierenkomödiantenhimmel der Welt mit Beleuchtungseffekten und Wolkengebilden, vor denen Veronese und sein Atelier wie Stümper erscheinen würden! Ich will, daß man mir das Stück spielt, statt mich mit den Kulissen zu betäuben, mit diesem Wechselspiel von Düften, Gestank, Einsamkeit und Warten. Die zum Schlagfluß neigenden Kaufleute, für die Frans Hals so viel Zinnober verbrauchte, hatten doch Schriftsteller in ihren Diensten. Aber nein! nichts. Kein Programm mehr. Der Regisseur ist bestimmt vom Fieber hingerafft worden, die Schauspieler gesunken auf einem Schiff der »Oost indische Companiee« mit ihren Truhen voll Masken, Schwertern, Togen oder Mantillen. Dieser ganze Trödel, vom Salz angefressen, befreit sich mit silbrigen Blasen, und die Barsche, so verblüfft sie auch sind, träumen plötzlich von der Beugung eines kleinen Fußes, von feinen spitzen Dolchen, noblen Beleidigungen. Kaum aufgetaucht, ist mein Theater schon weg. Pause. Ich bleibe allein, Papierkönig dieses Volkes mit schmalen Hüften, eng in ihre Sarongs gewickelt, das meine Straßen mit kleinen gemessenen Schritten durchläuft, riesige Schalenfrüchte auf dem Kopf balancierend. Ehemalige Statisten? Maschinisten? Der Streik muß schon so lange dauern, daß die Erinnerung daran verlorengegangen ist. Das Wasser tropft von meinem Balkon; ich träume. Ein bißchen Europa und Jugend zieht eben vorbei.

Zählen Sie auf jeden Fall nicht mehr auf mich, um Ihnen ein Drehbuch zu liefern. Alles, was man in diese Kulissen führt, verdirbt mit beunruhigender Geschwindigkeit. Eine ständige Gärung löst die Formen auf, um andere, noch flüchtigere und kompliziertere daraus zu machen, und den Ideen ist natürlich das gleiche Los beschieden. Wie kann man durch all diese Metamorphosen hindurch den Kurs halten? Mein Geist entschlüpft mir immer öfter. Nichts, woran man sich halten könnte: keine Jahreszeiten, die Post von einem Gewerkschaftsstreit gelähmt ... und was meine fragwürdigen Nachbarn angeht! An den ersten Tagen des Monsuns gab es wie eine Art Erwachen; ich sah, wie sie sich mehr als einmal versammelten, sich mit glänzenden Augen berieten, mit verheißungsvoller Lebhaftigkeit, sich sogar ein wenig aufregten, um ... einen Drachen, groß wie ein Autobus, steigen zu lassen. War es also das? Dann erloschen die Blicke wieder, sie nahmen ihre Siesten ohne Ende auf der Veranda wieder auf und kratzten sich zwischen den Beinen, während sie in ihren alten, zerlesenen Zeitschriften blätterten. Alles fiel wieder zurück. Außer diesem großen Schmetterling, der hoch oben am Himmel im Westwind vertäut war und dessen anmutige Augenflecken wir einige Wochen zittern sehen werden.

XIII

Von einem Kleineren als man selbst ...

»Geh hin zur Ameise, du Fauler,
betrachte ihre Weise und lerne.«

Sprüche, VI,6

Für sorgfältig ausgeführte Arbeiten, zu Ende gebrachte Aufgaben, folgerichtiges Denken, nüchterne Massaker und Bauarbeiten, neben denen der Louvre ein einfacher Sandpudding ist, wende man sich hier an die Insekten. Meine Insel verdient bestimmt Vorwürfe, aber eine Termitenkönigin kann hier hundert Jahre alt werden und dreißigtausend Untertanen pro Tag zur Welt bringen. Finden Sie mir einen Bourbon oder einen Grimaldi, der es ihnen gleichtun könnte. Was ihren kämpferischen Einsatz anbetrifft, die Hingabe an eine Sache, kein einziger meiner Trotzkisten könnte es mit ihnen aufnehmen. Einzig ein langer Umgang mit dieser kleinen Welt, wenn ich unbeweglich auf meinem Stuhl sitze und mich mit meinem Fieber oder meinen Erinnerungen auseinandersetze, erlaubt es mir, so kategorisch zu sein. Trotz einigen Bissen und allem Ärger, den mir diese Rasenden bereiten, verlangt mir die Versessenheit, mit der sie die kleinste ihrer Unternehmungen ausführen, eine Art Respekt ab.

Termes nocturnis
Termes obscuriceps
Termes taprobanis
Termes monoceros, dessen Soldaten
an Stelle des Kopfes
eine so große Giftspritze haben
daß sie taumeln
wie die Trunkenbolde der T'ang-Gedichte
zuckende Termes, deren Kolonien
bei bestimmten feierlichen Anlässen
vom Veitstanz befallen sind
Utriusque Indiae calamitas summa
(Beider Indien größte Plage)
ihr seid der älteste Schmuck meiner Insel
ihr Stolz und ihre größte Sorge
Und ihr anderen Liliputaner
mit Horn und Chitin bedeckt
Maskendiner
von einem irrsinnigen Arcimboldo ausgedacht
Killer ohne Palaver und Verluste
ohne Feld der Ehre oder Blume am Gewehr
Dynastien in einer Mordnacht ausgerottet
für ich weiß nicht welche dunklen Staatsinteressen
was kann ich an eurer finstern Schule noch lernen?
Ihr kleine, Lebendes verfütternde Ritter
in euren Lehmkathedralen
vergeßt mich nicht
in euren winzigen Messen
beim unruhigen Gesang der Flügeldecken
betet für mich.

Von allen meinen Untermietern ist die Schabe die harmloseste und die ärgerlichste. Die Schabe ist ein Nichtsnutz. Sie hat keine Haltung, weder in dieser Welt noch in der andern. Sie ist eher ein Entwurf als ein Lebewesen. Seit dem Pliozän hat sie nichts unternommen, um sich zu verbessern. Gar nicht zu reden von ihrer Farbe von zerkautem Tabak, für die sich die Natur wirklich nicht in Kosten gestürzt hat. Aber dieses unregelmäßige Herumlaufen, ohne jede erkennbare Absicht! Dieses untergeordnete und flüchtige Helmtragen, diese Feigheit im Moment der Bedrohung! Ich zerdrücke sie jedoch schon lange nicht mehr, wegen all den anderen Totengräbern, weit gefährlicheren, die von diesen Leichen angezogen werden. Ich kenne sogar einige von ihnen, von den dreckigsten und verwahrlosesten – ein leichtes Humpeln, ein angefressener Flügel –, denen ich liebevolle, aber spöttische Spitznamen gegeben habe. Ihre oft tödliche Unbesonnenheit erheitert mich heute bisweilen. Ihre Runden auf meinem Tisch oder um meinen Stuhl drehen sie in solcher Verwirrung, daß sie manchmal sogar umpurzeln. Von einer auf dem Rücken liegenden Schabe kann man geradezu sagen, daß sie tot sei und daß sie es wisse. Man sehe sich dann den bebenden Bauch an, der Wachsamkeit aller Stacheln, Zangen, Kiefer ausgeliefert, einer Gefräßigkeit, die so viel Leben in diese Behausung bringt; das Zappeln der Beine, die melancholische Abschiedsgrüße telegraphieren, das panische Zucken der Fühler, in Alarm versetzt vom Rascheln eines nahenden Vagabunden oder vom gereizten Flug einer Schlupfwespe, die gerade eine Vorratskammer sucht, in die sie ihre Eier legen kann. Es hat mehr Leben, als man sich vorstellt, in diesem Zimmer, wo ich mich dennoch so allein fühle, und die Schabe – Gott sei Dank – hat da nicht nur Freunde. Das Leben der Insekten gleicht insofern dem unseren: kaum hat man sich kennengelernt, gibt es schon Sieger und Besiegte.

XIV

Fleming gewidmet

Habe den Moralischen. Heute morgen, auf dem Weg zum Markt, ertappte ich mich dabei, wie ich mit mir selber sprach – fragen Sie mich nicht mehr, worüber –, gefolgt und nachgeäfft von einem Dutzend hartnäckiger Lausbuben, und ich habe nicht einmal mehr die Kraft, sie auszuschimpfen. Übrigens verschlechtert sich die Situation. Hundert Rupien, die ich tief unten in meinem Schlafsack versteckt hatte, sind wie durch Zauber verschwunden, und vorhin, als ich versuchte, die Ideen, die tief hinten in meinem Kopf kreisen, wieder zusammenzukriegen, großes Rumoren und lärmiges Sterben in den wurmstichigen Verstecken des Dachstuhls. Fünf Tropfen Blut fielen herunter und zerspritzten auf dem weißen Blatt, das auf meine Bereitschaft wartete. Was für Abrechnungen werden da oben noch ausgetragen? Da ist etwas faul, sage ich Ihnen. Noch etwas Quieken, abklingend, und dann, von der Stille getragen, der Geruch des Opiums, das meine Nachbarn rauchen, heimlich wie Kinder.

Gestern kam der Milchinspektor, der im Zimmer nebenan wohnt – man findet hier nur Pulvermilch, er inspiziert also nichts –, zu mir und schlug vor, zusammen in einer Kneipe auf den Hügeln Frauen zu besuchen, die man ihm empfohlen hatte. Der Inspektor, der so alt ist wie mein Vater, wird von erotischen Träumereien verzehrt, die ihm keine Ruhe lassen. Wenn man den Kurven glauben wollte, die er, um mich zu überzeugen, mit seinen kleinen Händen in die feuchte Luft zeichnete, müssen diese bezaubernden Wesen ein wenig an die großen Stachelameisen erinnern, eingeschnürte Taille, gut ausgestattetes Mieder, starke Hüften, muskulöse Schenkel, Menschenfresserkiefer. Für diesen Ausgang hatte er seine ausgelatschten Schuhe mit violetter Tinte nachgefärbt und eine ausgebeulte Tennishose mit feinen blauen Streifen angezogen. *»In dieser Stadt«,* sagt die älteste Chronik der Insel, *»gab es an Hartem nur die Brüste der jungen Frauen, an Wogendem nur ihre Blicke, an Gebogenem nur ihre Brauen, an geheimnisvoll Dunklem nur ihre Nächte.«* Die Augen des Inspektors sind blutunterlaufen vom Arrak, den er am Vorabend getrunken hat. Ich weiß wohl, daß es nur arme, zahnlose, gedemütigte Mädchen sind, vielleicht krank, oder daß sie nur in seiner Einbildung existieren. Ich laß mich trotzdem mitreißen. Ich träume von mit Khol umrandeten Augen, von glutheißen Stimmen an meinem Ohr, von Sandelholzhintern, von tausend träumerischen Händen patiniert, von einem glänzenden Haarbüschel, ehrlich gewölbt und geschlitzt. Ich lebe schon zu lange allein, und wenn ich wieder unter die Menschen zurückkehren muß, warum nicht auf diesem Weg. Ich war einverstanden. Ich hatte auch genug vom Schauspiel meiner Insekten, die sich ohne Unterlaß paaren oder fressen. Der tägliche Umgang mit diesem Mikrokosmos macht schwindlig und ist nicht gefahrlos, und diese Gesprächspartner, die oben auf meinem Daumennagel gestikulieren oder die ich mit meiner Bleistiftspitze ärgere, bringen mich noch ganz durcheinander. Genug wilde Insektenkunde: genug Ideenpuppen, auf meine blaue Wand gespießt oder wie Erbsen in meinem kranken Kopf am Keimen. Der Naturwissenschaftler Buffon hat sicher gelegentlich eine Marquise vernascht und Fabre, der Insektenforscher, eine Magd aufs Kreuz gelegt! Oder etwa nicht? Drei Hurras für Fleming, und nur zu die Treponemen! Wir zogen heldenmütig los nach Einbruch der Dunkelheit, aber er verirrte sich auf dem Weg zu dieser Räuberhöhle. Wir fuhren endlos im Kreis auf den Hügeln, wo der Regen die Wege und bald auch seinen Vergaser unter Wasser setzte. Das Auto schiebend, durchnäßt, verärgert, unverrichteter Dinge zurückgekehrt. Die Gäste der Herberge machten sich über uns lustig. Man brauchte sie nur zu sehen, hingelümmelt in ihre Sessel, deren aufgelöster Rotang büschelweise herausquillt, wie sie sich in die Betrunkenheit ruderten, das Gesicht bis auf die Knochen von einem grundlosen, krampfhaften Grinsen aufgeschlitzt, losbrüllen wegen nichts und wieder nichts, sich mit Kastratenstimmen streiten, mir Schmeicheleien oder Beleidigungen zumeckern wie immer, wenn ihnen der Alkohol die Zunge löst. Der Betrunkenste ging sogar eine verrostete Machete holen, mit der er mich bedrohte. Sie wollen mir so übel, da sie wissen, daß ich eines Tages von hier weggehe und daß sie dableiben werden. Er hatte zwar zu viel getrunken, als daß er gefährlich sein konnte; ich gab ihm trotzdem eine rechte Ohrfeige. Der Wirt benutzte die Gelegenheit, um ihm sein Krautmesser wegzunehmen und ihn abzukanzeln. Gott weiß, daß ich nicht hierhergekommen bin, um Ohrfeigen auszuteilen, und daß mir Gewalttätigkeit – die meine wie die der andern – immer angst machte. Aber wenn ich nicht reagiert hätte, hätte diese versteckte Feindseligkeit, die ich um mich herum fühle, eine unerwartete und sicher unangenehme Wendung nehmen können.

Seit zwei Wochen übrigens haben meine Kollegen ein anderes Opfer gefunden, das sie leichter plagen können. Es ist ein immer betrunkener Greis, zum Skelett abgemagert, der in seinen riesigen Shorts herumtaumelt. Da er beim Fallen ständig seine Knie aufschürft, hat er dort praktisch keine Haut mehr. Was den Zerfall angeht, so ist dieses alte, geschundene Pferd ein richtiger Künstler. Das ausgezeichnete Englisch, mit düsterem und wohltuendem Humor gewürzt, das er in seinen seltenen lichten Momenten spricht, läßt ahnen, daß er anderswo und früher ein weniger elendes und bedauernswertes Leben geführt hat. Heute kann man nur feststellen, daß er den größten Teil seines Lebens damit verbringt, weinend aufs Meer zu schauen, beide Hände an das Geländer der Veranda geklammert, und unser ganzes baufälliges Gebäude zittert jedesmal, wenn ein Schluchzer seine Schultern schüttelt. Was den Dummköpfen aus meiner Herberge hinter ihrem Fächer von Karten ein hämisches Grinsen entlockt. Anderer Leute Kummer ist ein Vergnügen, das noch nie etwas gekostet hat. Wenn ich die vertraulichen Mitteilungen, die er mir letzthin mit seinem Schluckauf machte, richtig verstanden habe, so hat sein Unglück mit einer holländischen Pendeluhr aus

Schildpatt begonnen, die er seiner Frau entwendet habe, um sie seinem Schwager zu geben gegen das Versprechen, daß sie ihn mit nach Australien nehmen würden... Sie fuhren natürlich ohne ihn weg, und ich verstehe sie. Seit diesem Diebstahl traut er sich nicht mehr nach Hause und zieht es vor, seine winzige Pension hier zu vertrinken. Oder ich müßte ihn begleiten, denn er erweist mir eine Achtung, die er seinen Quälgeistern versagt. Er weiß, daß ich ihn verstehe; vielleicht hat er in meinen Augen gelesen, daß ich eines Tages enden werde wie er. »Honour my ugly wife by visiting my ugly house«, sagte er mir neulich und deutete dazu einen Bückling an, der ihn stürzen und einmal mehr sich verletzen ließ. Dieser Greis hat wenigstens den Gespenstern, die hier wohnen, voraus, daß er weiß, was an ihm nagt: diese Pendeluhr und keine Spur von Australien. Man muß für die Tiefschläge und Gemeinheiten, die das Leben für uns bereithält, schon einen Namen finden, gewissermaßen seinem Unglück eine Form geben. Ein Problem, dessen Wichtigkeit ich bislang vernachlässigt habe. Manchmal kann man sich sogar fragen, ob wir nicht alle genau dafür da sind. Dieser geschundene, schlachthofreife Typ gibt jedenfalls jenem Schattentheater, in dem wir leben, etwas Beständigkeit. Verzweiflung ist jedenfalls noch besser als gar nichts, sie ist greifbar und hartnäckig, mehr als die Freude, die nie länger dauert, als man es ertragen kann. Wenn ich ausgehe, ist es selten, daß ich ihn nicht auf seinem Ausguck sehe, die Augen aufs Meer gerichtet, als ob man mit Weinen die Kontinente näher rücken könnte.

Die Brise vom Meer läßt seine zu großen kurzen Hosen flattern wie Fahnen und trocknet ein wenig seine Tränen. Ich auch, schnell, im Vorbeigehen, mit seinem dreckigen Taschentuch, das ich nachher zusammengeknüllt in seine Tasche stopfe. Mit teilnahmsvollem Schweigen, das so gut ist wie alle Gespräche, die ich hier führen könnte. Und übrigens, was hätte ich ihm zu sagen? Er ist am Ende seiner Reise, ich fange die meine gerade erst an. Er hat ganz recht zu weinen. Arrak, Arrak, wer ist denn glücklich in dieser kleinen Stadt?

XV

Circe

»Dem niedergeschlagenen Büffel fällt das Lernen schwer«, sagt die Krämerin jedesmal, wenn einer der Alten von Indigo Street ihren Laden verläßt, dann hebt sie das Kinn, um den Himmel zum Zeugen zu nehmen, legt es wieder auf ihren gewaltigen Busen und seufzt wie ein leergedrückter Lederschlauch. Mit diesem Sprichwort spielt sie sicher auf die von der Sonne angerichteten Schäden an, aber vor allem, für sie, auf ihre singhalesische Kundschaft von kleinen unentschlossenen Essern, die die Ware betasten, ob dem Gewicht eines Eies zögern, die sie für fiese Kerle hält und die es ihr auch heimzahlen. Verachtung ist eines der seltenen Gefühle, das von der Hitze noch geschürt wird, und davon hat es in diesem kleinen Quartier genug, um die Erde in Umlauf zu halten.

Sie ist die Krämerin, und ihr Laden bildet die Ecke der Straße und eines Gäßchens, das zur Aeolus-Bastion führt. Beim Eintreten schiebt man mit der Stirn einen Vorhang von getrocknetem Thunfisch zur Seite, der am Türsturz hängt und, ich gebe es zu, richtig nach Hintern riecht. Im Innern andere Gerüche: Zimt, Gewürznelken, frisch gemahlener Kaffee lassen den ersteren vergessen, und das ist von der ganzen Insel der Ort, wo ich mich am wohlsten fühle. Die Wände sind verstellt von schmierigen goldenen Kanistern, Melasse oder Palmöl. Der Kautabak hängt in schweren schwarzen Zöpfen über den von Fliegen verschissenen Eierpyramiden, und die Bananenbüschel, die an den blauen Wänden hängen, leuchten wie Lampions. Nicht zu vergessen die Teebüchsen »Zur aufgehenden Sonne«, die aus der Zeit des japanischen Imperialismus stammen, das Glas mit spiralförmig gefärbtem Gerstenzucker und, eingewickelt in starkes Havannapapier, die Zuckerhüte, die die Krämerin mit einem kleinen spitzen Hämmerchen zertrümmert, sehr klangvoll.

Sie, riesig, schwarzhäutig in einem leuchtendweißen Sari, thront inmitten ihrer Besitztümer, die tiefe Stirn voll Schweißtropfen, auf einem Sack Linsen hinter einer römischen Waage sitzend. Indem sie die Arme ausstreckt oder indem sie einen Stecken mit Haken zu Hilfe nimmt, bedient sie einen, ohne ihren Platz zu verlassen, und da sie sich fast nicht bewegt, steigt ihr ihre Vitalität ins Gesicht und in den Ausschnitt, der übersät ist mit einer Unzahl von Muttermalen, auf denen sich die Haare kräuseln. Ihre Augen sind schwarz, oft schalkhaft. Ich ziehe hundertmal die heitere Gesellschaft dieser dicken Bache derjenigen aller Halblebendigen meiner Straße vor, die so sehr von Geheimnistuerei verzehrt und von Unwirklichkeit durchlöchert sind, daß sie darüber sogar noch den Laut eines Furzes vergessen haben.

Man muß auch sagen, daß neben der gespenstischen und heruntergekommenen Schönheit des Forts, mit einem trügerischen Schein, der geradezu zum Schiffbruch verleitet, nichts beruhigender ist als ein kleiner Laden, der mit der nötigen Rüdheit von einem Frauenzimmer dieses Ausmaßes betrieben wird. Ich würde da, ohne zu feilschen, eine Rupie nur für den Schatten geben, so köstlich ist er, mit dieser fast wägbaren Körnigkeit, die mich an die Bazare des afghanischen Nordens erinnert.

»Salaam Aleikhum.« Wenn ich die Schwelle überschritten habe, wische ich mir mit dem Taschentuch die Stirn, zähle an meinen Fingern, lasse die Kanister mit einem Schnipser aufklingen, meine Hand streicht über bauchige Säcke. Ich habe auch einen, auf den ich mich setzen kann, und wenn die Stimmung danach ist, bestelle ich ein Maß Arrak, das sie in zwei Emailbecher gießt, und wir trinken schweigend, den Rücken gegen Blechbehälter gelehnt, die kein Zaubertrick verschwinden lassen kann. Dieser Laden ist im Gegenteil so voll von wohltuender Stofflichkeit, daß es mich jedesmal erstaunt, ihn nicht wie eine Kugel im Boden dieser schimärischen Insel versinken zu sehen.

Ein wenig Zeit vergeht so beim Träumen, wenn man den lauen Alkohol über die Zunge laufen läßt mit einigen Behaglichkeitsseufzern, die uns ein Gespräch ersetzen. Es genügt, daß ich die Augen schließe, und schon sehe ich Robinson in seinem Ziegenlederhut den Laden mit seinen Einkäufen verlassen – Talgkerzen und Schießpulver –, Freitag hinter ihm.

Ich öffne sie wieder; hat sie sie auch gesehen?

Ein Jungmädchenlächeln entblößt ihre wunderbaren Zähne, ihre Wasserspeierfratze ist umstrahlt von einem sehr schönen, beinahe schwarzen Licht. Ihre halbgeschlossenen Lider lassen einen Blick durchscheinen, wo ich mehr Verständnis sehe – eine Faser Mitgefühl auch –, als ich hier zu finden hoffte. Das spüre ich, ohne es mir erklären zu können. Wie wenn sie mir jenseits der Wörter ein von weit her kommendes »Sesam, öffne dich« übergeben möchte. Man denkt hier, daß diese spontanen Bindungen von einem vergangenen Karma herrühren. Haben wir uns zur Zeit der maritimen Großreiche kennengelernt, wo »die einzigen kalten Gegenstände dieser Stadt die Perlen, das Sandelholz und der Mond waren«? Teilten wir ein königliches Bett? Hätte der Wirt recht, der sagt, daß ich sogar mit aufgerissenen Augen wie ein Blinder durchs Leben gehe?

Weil sie Tamilin und Mohammedanerin ist, auch wegen ihrer Beleibtheit, die sie unbeweglich macht, ist die Krämerin Zielscheibe für die Schikanen von einem Dutzend Lausbuben, die das Fürchten lernen wollen, indem sie sie über die Ladenschwelle verhöhnen oder am Schwanz ihrer Ziege ziehen, die den ganzen Tag direkt neben der Tür an einen Pfahl gebunden ist. Die gleichen, die mir seit meiner Ankunft hier auf einem Bein nachhüpfen und näseln: »Mister-what's-your-name, Mister-what's-your-country?« Sie werden sicher von ihren Eltern geschickt, und ihre frühreife und dumme Engstirnigkeit beweist, daß sie durchaus würdig sind, deren Nachfolger zu werden. Es wäre mehr nötig, um die Krämerin, die sie genau wie Schmeißfliegen behandelt, aus der Fassung zu bringen. Wenn sie mild gestimmt ist, begnügt sie sich damit, sie mit einer überwältigenden Zungenfertigkeit anzufahren – ein Trommelwirbel mutet langsam an neben dem Singhalesischen –, die ich immer bewundere. Wenn sie wenig Geduld hat oder die Ziege sich beklagt, angelt sie mit ihrem Haken die kurze Hose eines ihrer Plagegeister, und ohne auch nur eine Gesäßbacke zu heben, zieht sie ihn zu sich und dreht ihm an der Nase, bis Tränen fließen und Blut spritzt. Schreie des Gemarterten, verzweifeltes Davonrennen, Stille, in der man ganz nahe das Meer murmeln hört. Ich, der ich schon erfolglos meine Handflächen abgenützt habe, diese Räudigen zu ohrfeigen, sehe zu, ohne mich zu rühren – aber nicht ohne Schadenfreude –, wie sie sie maßregelt. Sie zwinkert mir zu, nimmt sich die Zeit, die es braucht, um aufzustehen, wischt gleichzeitig mit dem feinen Sand, der dauernd in ihren Laden dringt, die Zickzackspur von Blutstropfen und zwanzig nackten Füßen weg und macht zwei Prieme Betel zurecht, die wir kauen und in langen Bögen ausspucken, ohne je die Türöffnung zu verfehlen.

Auf dieser Straße, wo alles zerfällt und erlischt, haben ihre herbe Kraft, ihre Korpulenz, ihr florierendes kleines Geschäft den Anschein einer Provokation. Und dazu noch tamilische Provokation!

Die Tamilen, die so manches Mal den Norden der Insel besetzten, Zisternen bauten und einige für ihre gute Verwaltung berühmte Dynastien hervorbrachten, haben sicher nicht den Himmel erfunden, aber sie haben immer die gefürchtete weibliche Hartnäckigkeit in Ehren gehalten und benutzt, den Familienzusammenhalt gepriesen und praktische und Suppentopf-Eigenschaften gepflegt, die ihren Unternehmen von Sansibar bis Penang Erfolg brachten. Wie die Elisabethaner verstanden sie es, die Profitgier mit einer blutigen und ungestümen Poesie zu verbinden. Zauber des Tauschhandels und der Gewürze. Träume von Dublonen oder feinen Perlen aus Koffern, ausgeleert auf dem Oberdeck der Schiffe. Keine einzige ihrer Chroniken, wo sie nicht gepriesen werden, wo der Reichtum der Lagerhäuser, die Geschicklichkeit der Steinschleifer, der Scharfblick der Schuhmacher oder der Pferdehändler – die die Tochter des Königs heiraten – nicht mit der lyrischen Begeisterung geschildert werden, die man normalerweise Liebesgeschichten oder den Umarmungen der Götter vorbehält. Dieser alte Zauber des Handels hat alle seine Macht behalten, hier, wo Pfeffergirlanden, mit einem roten Faden zusammengehaltene Zigarrenbündel, Zunderfeuerzeuge, in Trauben an ihrem schwarz und grün gesprenkelten Docht zusammengebunden, einer Art musikalischer Anordnung gehorchen.

Zu dem Vorteil, Tamilin zu sein, kommt bei der Krämerin noch der, Mohammedanerin zu sein. Bevor Albuquerque ihre Schiffe voll von Rachegeistern versenkte, plünderten die Araber lange die Westküste meiner Insel und töteten, vergewaltigten oder bekehrten manchmal diese Shivaiten, schwarz wie die Hölle. Wenn die Krämerin richtig wiegt, richtig zählt und großzügig zu geben weiß, wenn es drauf ankommt, so verdankt sie das auch Mohammed. Die jüdisch-christliche Religion und der Islam, die über die Krämer lediglich einen einzigen, stolzen und eifersüchtigen Gott stellen, begünstigen eindeutig den Handel.

Nicht so der Hinduismus und der Buddhismus. Wenn

der Ladeninhaber ohne Vorwarnung seine Einkünfte und seine Familie verläßt, um in den Bergen meditieren zu gehen, sagen wir, während zwei Jahren, ist es eher selten, daß er bei seiner Rückkehr noch etwas vorfindet. Wenn die Zeit zyklisch ist und nicht linear, wozu soll man dann noch eine Buchhaltung führen und an seiner Bilanz feilen! Wenn die Kasse, eine schädliche Illusion, mit Unwirklichkeit geschlagen ist, kann man nicht leugnen, daß die Geschäfte darunter leiden. Dagegen die Krämerin, sie lagert, pflegt und ordnet ihre Waren an, deren Existenz keinen Widerspruch leidet. Diejenigen, die sich daran vergreifen würden – und einige denken daran, mittels Zauber oder vorgeschobener Nagetiere –, würden wahrscheinlich nicht die Oberhand bekommen. Denn wie jeder hier ist sie ein wenig Zauberin, aber ohne diese Begeisterung und diese törichte Fieberhaftigkeit, die eine der Schwächen der Stadt ist. Nur gerade soviel es braucht, um Schläge abzuwehren und ihre Interessen zu wahren. Daß ein Teil, ein geringer zugegebenermaßen, ihrer Kundschaft aus der jenseitigen Welt kommt, kann mich nicht erstaunen. Ich vertraue ihr genug, um anzunehmen, daß es sich um ganz korrekte Geister handelt, schelmische, fähig, bei Gelegenheit auch kleine Dienste zu erweisen, und ganz verschieden von den Lemuren, die so viele andere Geschäfte der Stadt vergiften, wo man sie zu erkennen glaubt, im Schatten hängend wie Filzläuse. Bei meinem letzten Besuch, als mich der Schlummer wieder übermannte und als sie mir den Rücken kehrte, stieg ein stiefelhoher ganz verhutzelter Djinn gerade zwischen meinen Beinen unter Donnerrollen aus dem Boden, ergriff ein Glas Pickles und verschwand nach einem kurzen Gruß auf dem gleichen Weg. Während der Boden sich wieder schloß und ich mich fragte, ob ich Gespenster sehe, ersetzte sie, ohne mit der Wimper zu zucken, auf dem Regal den Artikel, der sich eben verflüchtigt hatte, und machte auf ihrer kleinen Schiefertafel ein Kreuz in die Kolonne, die für diesen Stammgast reserviert war.

Dick, gesund, reich, noch feurig: es braucht nicht mehr, damit die Eifersucht und das Gerede seinen Lauf nimmt. So beschuldigt sie mein Wirt, daß sie sich ihres Gatten entledigt habe – ein Nichtstuer, ein mittelmäßiger Mensch, den er nur schwach verteidigt – mit fraglichen Mitteln (man weiß, was das hier heißt), und weicht aus, wenn ich mehr darüber wissen will. Im tamilischen Matriarchat des Kontinents genügte es, wenn man dreimal die Babuschen des Mannes, den man loswerden wollte, vor die Tür stellte. Dieser Brauch hat sich hier nie durchgesetzt. Tatsache ist, daß ich weder im Bazar noch im Laden je diese Person gesehen habe, von der ich hier dauernd sprechen höre. Ich habe den Eindruck, daß sie diesen lästigen Menschen durch irgendwelche Verkleinerungstricks irgendwo eingesperrt oder verräumt haben muß. Damit er aufhöre, sie durch unbegründetes Geschwätz in Verruf zu bringen. Vielleicht in dieser indigoblauen Biskuitbüchse auf dem letzten Regal, die sie manchmal aus den Augenwinkeln überwacht und aus der ich – aber das Chinin macht mir Ohrenrauschen – das Knarren einer wütenden Grille aufsteigen höre. Oder daß er, in einen Homunkulus verwandelt, unter ihrem riesigen Hintern bequem wettert und gestikuliert. Bei den einen Termiten unserer Insel (Euternes fatalis), die gerade daran sind, meine Herberge in Mehl zu verwandeln, ist die Königin dreißigmal größer als der König, der sein ganzes Leben lang wie ein Hauswart am Eingang ihrer Vulva installiert ist. Ich kann darum diese Hypothese nicht verwerfen, ohne mich richtig informiert zu haben. Das nächste Mal, wenn sie ihren Sitzsack verläßt, werde ich diskret nachsehen, ob dieser Winzling nicht mit erhobener Faust in den Falten herumläuft, die dieser kolossale Hintern da hineingedrückt hat. Es würde mich freuen, diese Mißgeburt zwischen Daumen und Zeigefinger zu halten und ihm zu sagen, was ich von seinen Machenschaften halte. Schaben, Mistkäfer, Skorpione, Tausendfüßler: ich bin an diese Maßstabwechsel und diese winzigen Gesprächspartner gewöhnt. Ich verberge auch meine Sympathien nicht. Dieses riesige Weib gefällt mir, ohne Hokuspokus. Für Herzensregungen und Galanterien hat die Krämerin einen Skorpionsfisch, der in einem mit feinem Sand und Korallen schön eingerichteten Gurkenglas kreist, das auf der Ecke des Ladentischs steht. Sie ernährt ihn mit Rohzuckerkrümeln, Fliegen, die sie zerdrückt, ein wenig Brot. Es ist ein junges Männchen bei guter Gesundheit, das sich bei der geringsten Neckerei schnell dreht und dazu einen Schirm von giftigen Stacheln mit sepiafarbenen Tupfen ausbreitet. Wenn sie sich unbeobachtet glaubt, drückt sie ihr Gesicht ans Glas und schneidet ihm Grimassen, auf die er mit elegantem Zittern antwortet. Ich überraschte sie mehrmals bei diesem Tun, hielt meinen Atem an, bevor ich mich auf Zehenspitzen zurückzog, eifersüchtig wie ein alter Knacker. Der Platz ist also schon besetzt, aber es ist nicht verboten zu träumen. Wenn sie mich je dabei überraschen würde, wie ich sie heimlich beobachte, vielleicht würde sie es mir geben, ihr Maskottchen ...

... Sie stellen sich nicht vor, wie ermüdend mein Leben hier sein kann. Dieses Beobachten, immer zwischen der Wirklichkeit und dem Okkulten, bringt mich um. Mein Kopf sträubt sich dagegen, sich zu öffnen, und tut mir weh. Oft weine ich, ohne zu wissen, warum. Die Postbeamten verlieren mir dreist die Briefe aus Europa, die ich so sehr brauche wie Blut. Ich verbleibe also beim letzten, wo Sie mir sagen, daß mir dieser Aufenthalt nicht guttue, daß die Insel daran sei, mir die Nerven zu verbrennen, und daß man mit dem, was ich Ihnen sende, nichts anfangen kann, daß der westliche Leser nicht darauf vorbereitet ist. Mag sein, aber ich reise, um zu lernen, und niemand hatte mich bis jetzt gelehrt, was ich hier entdecke.

XVI

Padre

Durch das viele Nachfüllen war meine Teekanne übervoll von einem schwarzen und schäumenden Kräuterpapp. Der Tee, der das große Geschäft meiner Insel ist, ist auch die beste Waffe, die sie uns gegen ihre eigenen Verhexungen liefert. Der Tee schärft fortlaufend, was die Benommenheit und die Mattigkeit abstumpfen. Seine klare Bitterkeit legt immer einen weiteren Schritt zur Transparenz nahe und bedeutet uns, daß unser Geist noch mit Lumpen umhüllt ist wie die Füße der Bettler von früher.

Ich hatte meinen Tag damit verbracht, Fetzen von Erinnerungen an Anatolien und Gelehrtes über die Hethiter auszubessern für eine Zeitschrift der Hauptstadt, deren Mitleid und Honorare mir das Überleben hier ermöglichten. Ohne aufzugeben. Hinter meinen Augenlidern hatte ich den Herbst in Bogasköy wieder gesehen, den weißen Reif auf dem Klee und die Menge von Würdenträgern in Mitren mit runden Augen und Tropfennasen, dreitausend Jahre früher in die Felsen rund um das Dorf gehauen. Und zwischen den schwarzen Fingernägeln des Wächters der Ruinen diese mit Keilschrift fein geprägten Tafeln, die zum Beispiel die Strafe für Honigdiebe festlegen: fünf Stockhiebe, einen Korb Nüsse, einen Korb Mispeln. Erlasse von ländlicher Gutmütigkeit, gegen die das mosaische Vergeltungsgesetz, der Levitikus und die assyrischen Gesetze wie böse Nagelschachteln tönen. Diese von weither kommenden Bilder festhalten, bevor sie in diesem Brutofen verdunsten. Diese alten gesunden Rhythmen wiederfinden, diese alte Verbundenheit mit Humusgeruch, die man wahrnimmt, ohne sie sich zu erklären, und die die Frische selbst ist – je älter, desto frischer –, Formen und Formeln anordnen, um all das Formlose, das mich hier umgab, zu bannen. Dem Thema auf den Leib rücken, hier und da das richtige Wort aufjagen, einen Moment von Freiheit wie eine Forelle an den Haken kriegen. Das hatte mir einige grüne Flecken von türkischer Treuherzigkeit auf dem Ming-Blau meiner rissigen Mauer eingebracht.

Was immer ich tat, die Hitze gewann jedesmal die Oberhand. Es kam die Stunde, wo der Buddha auf meiner Kommode, von der untergehenden Sonne berührt, in alkoholischem Rot aufleuchtete und rundheraus über meine Unternehmungen lachte. Die Stunde, wo in meinem Kopf etwas kaputtging, während die in meinen wurmstichigen Balken nistenden Völker mit viel Umtrieb ihre nächtlichen Feldzüge vorbereiteten. Ihr Tag begann; meiner war zu Ende. Ich schaute, ohne sie zu sehen, auf die Blätter voll von krummen Linien, von Pfeilen, von rot eingerahmten Wörtern, von Zickzackverweisen: kleine Beschwörungen gegen den großen abendlichen Zusammenbruch, aus dem ich jeden Tag mitgenommener hervorging. Ich mußte das Zimmer verlassen und wieder in die Nacht hinausgehen. Ich ging durch das Fort, dann über den Markt, unlustig, stieß mit dem Fuß gegen die faulen Früchte, die zwischen die Körbe gefallen waren. Einmal aus der Stadt heraus, ging ich die Küste entlang, die gegen den Zipfel der Insel führte, in der Hoffnung, daß die Müdigkeit mit dem Wirrwarr, der unkontrolliert in meinem Kopf wucherte, fertig werde und mich schön eingepackt dem Schlaf übergebe. Eine halbe Stunde bis zum Strand, wo ich die ersten Wochen jeden Tag schwimmen ging. Breites Sanddiadem unter getrübten Sternen. Das Meer wie eine träge geschaukelte Schale Milch. Ich schlief fast ein, während ich den toten Mann machte, und kam wieder zu mir, wenn ein Wellental meine Ohren freigab, vom gedämpften Fall einer Kokosnuß oder vom verspäteten Trab von zwei nackten Füßen auf der Straße oben. Zurück zum Strand, wo der ganze Ausschuß von sterbenden Tieren, die aus den Netzen weggeworfen worden waren, noch von Gift zuckten. Die Wange am Bauch einer Piroge mit Auslegern, zog ich an einer Zigarette und schaute, wie der Strahl des Leuchtturms sich gegen Süden hin bis in die Antarktis verlief. An diese Weiten zu denken, wo ganze Himmel sich in Wassergüsse auflösen konnten, ohne daß jemand je etwas davon erfuhr, erzeugte in mir eine Art Höhlung, auf die ich gerne verzichtet hätte, leer, wie ich ja schon war. Wenn ich die Einsamkeit gesucht hatte, dann hatte ich meine Insel gut ausgewählt. In dem Maße, wie ich den Boden unter den Füßen verlor, hatte ich gelernt, sie einzurichten, indem ich mein Gedächtnis auf Hochglanz brachte. Es gab in meinem Kopf genügend Orte, Momente, Gesichter, um mir Gesellschaft zu leisten, um den Meeresspiegel zu möblieren und mir mit ihrer fiktiven Anwesenheit das Gewicht des Tages zu erleichtern. In dieser Nacht stellte ich mit einer unsagbaren Panik fest, daß mein Theater nicht mehr funktionierte. Fast niemand fand sich ein oder nur unscharfe, abgegriffene, jammernde Schatten. Die Stimmen und Gerüche hatten das Weite gesucht. Im Laufe des Tages, während ich mich abrackerte, wurden sie eingesackt. Meine Schätze verflüchtigten sich heimlich. Mein einziges Vermögen nahm Reißaus, und hinter dieser Auflösung sah ich den Moment kommen, wo nur noch Ängste blieben, nicht einmal mehr richtiger Kummer. Es nützte nichts, in einigen alten Mißerfolgen herumzustochern, nichts regte sich mehr. Dieses Verlangen nach Kummer ist sicherlich eine Eigenheit der Jugend, denn plötzlich fühlte ich mich alt und verloren in der enormen Schönheit dieses Strandes, armer kleiner, von den Tropen aufs Kreuz gelegter Studierter.

Es gibt hier keine soliden Bindungen, und nichts hängt wirklich an uns. Ich wußte es. Die dunklen Spitzen der Palmen, die sich ganz leicht gegen die noch dunklere Nacht bewegten, hatten es mir eben ins Gedächtnis zurückgerufen. Für den Fall, daß ich es vergessen hätte.

Man reist nicht, ohne diese Momente zu kennen, wo das, worauf man gepocht hatte, sich aus dem Staube macht und einen verrät wie in einem Alptraum. Hinter dieser erschreckenden Verlassenheit, jenseits dieses Nullpunkts der Existenz und über das Ende der Straße hinaus, muß es noch etwas geben. Etwas Außergewöhnliches, ein wirklicher Koh-i-Nur, das ist sicher, da es so stark bewacht und verteidigt wird. Vielleicht diese ursprüngliche Freude, die wir gekannt, verloren, für Augenblicke wiedergefunden, aber immer tappend gesucht haben im Blindekuhspiel unseres Lebens.

»Werdet schon heute zu Schatten.«

Maurice Chappaz

Rasch zurück, das Herz zwischen den Zähnen. Duftwolken von Zitronell und Jasmin kamen schon vom Fort her zu mir. Diese heftigen Düfte, diese Insel! Seit wann war ich hier gestrandet? Der Zerfall ging weiter, bevor ich mein Zimmer erreicht hätte, würde ich sogar meinen Namen vergessen haben.

Die Wolken hatten eben dem Mond den Platz freigegeben. Als ich am Fuß einer barocken Kirche vorbeiging, die ich immer geschlossen vorgefunden hatte, erblickte ich eine schwarze Gestalt mit einem runden breitrandigen Hut, die auf der letzten Stufe saß, Rauchringe von sich blies und in meine Richtung zu sehen schien. Mitternacht war schon vorüber. Ich kniff mich, um sicher zu sein, daß ich nicht träumte, rief durch die hohlen Hände mit einer Stimme, die nur schlecht meinen Zusammenbruch verbarg: »Pater, beten Sie für mich, ich kann mich nicht mehr erinnern, es ist zu heiß.«

»Mein Sohn«, antwortete sofort die Erscheinung, »es ist mir schon seit langem zu heiß zum Beten.«

Es war eine Stimme wie aus einer komischen Oper, klangvoll und hohl wie die einer Zikade, mit einem starken italienischen Akzent.

Mit seinem von Tabak geschwärzten Zeigefinger winkte mich das kleine Wesen zu sich. Ich stieg die von grauen Krebsen gestreifte Treppe hoch, deren unregelmäßige Stufen von den Wurzeln eines Banyans emporgedrückt wurden, und setzte mich neben ihn. Er trug Schnürstiefel von der Schuhnummer eines zehnjährigen Kindes, einen Zweitagebart, und seine dreckige, um ihn ausgebreitete Sutane erweckte den Eindruck, daß sein Körper gar nicht existiere oder daß er schon lange in Stücke gebrochen sei. Er zog eine Zigarre aus der Tiefe seines Gewandes, brach sie krachend vor seinem Ohr, zündete ein Schwefelholz an seiner Schuhsohle an und hielt es mir angezündet hin.

»Ich bin Pater Alvaro«, fuhr die Zikadenstimme fort, »über achtzig Jahre alt, davon fünfzig im Dienste der Gesellschaft Jesu. Niemand betet hier. Ich muß das ja wissen. Man kann nicht, der Himmel ist überladen, die Luft zu schwer, es kommt nicht durch. Sogar die Jungen mit ihrem ganzen Schwung... sosehr sie sich auch bemühen, wenn ich ihre unaufrichtig befriedigten Mienen sehe, weiß ich wohl, daß sie nur so tun. Wir schicken sie jedes Jahr nach Ampitya in unser Seminar auf den Hügeln auf zweitausend Fuß, damit sie mal wieder Jenem begegnen, mit Dem sie reden können. Ohne eine solche Unterbrechung würden sie nicht durchhalten. Dieses Klima, wie Sie festgestellt haben, begünstigt die fest verankerten Überzeugungen nicht. Ich selbst bin seit Jahren nicht mehr hinaufgegangen, aber in meinem Alter erträgt man diese Einsamkeit besser. Ich habe so lange an Gott geglaubt, jetzt ist wohl Er dran, an mich zu glauben ...«

Das hämische Gekicher, das sein zerbrechliches Gerippe erschütterte, endete in Raucherhusten.

»Wissen Sie«, fuhr er fort, »ich habe ausgezeichnete Jahre gehabt: zwölf in Srinagar, acht in Darjeeling, eine Luft wie Champagner. Ich habe nie besser gebetet, leicht, stundenlang, wir konnten nicht mehr aufhören, so daß die Älteren uns an die Arbeit zurückrufen mußten. Wir sind schließlich ein militanter Orden. Frühmorgens vor allem stieg es direkt hoch. Von beiden Seiten ein perfekter Empfang, keine Parasiten, kein einziges Mißverständnis. Ich erbat viel, erhielt noch mehr ... sogar Dinge, für die ich mich heute schäme ... Ja! Der Himmel hat für die Jugend ein unerklärliches Entgegenkommen. (Das war in dieser Nacht keineswegs meine Ansicht.) Der einzige meiner Wünsche, der nicht erfüllt wurde, war der, dort oben zu bleiben. Gute Plätze, glauben Sie mir, und ich vermisse sie jeden Tag. Auf jeden Fall, ich habe mein Teil gehabt. Jeder soll mal an die Reihe kommen. Ich hoffe, daß diejenigen, die in der Kühle sind, mich in ihren Bitten nicht vergessen.«

Mit seiner kleinen altersfleckigen Hand machte er eine Bewegung, wie wenn er etwas Lästiges verscheuchen wollte, und begann vor und zurück zu schaukeln, ohne sich weiter um mich zu kümmern. Am Ende dieses abscheulichen Tages war es doch ein Glücksfall, auf jemanden zu stoßen, der von Gott sprach wie ein Ballonflieger und von mystischen Strömen wie ein Telegraphist. Ich, der ich immer die Geschicklichkeit der Fachleute bewundert hatte, die Kunstgriffe, die Spezialisten, die ihre Arbeit mit Sorgfalt ausführen, hatte eben einen gefunden, sogar einen ausgezeichneten! Und das in einer Sparte, wo man sie an einer Hand abzählen kann. Ich wollte ihn doch nicht so leicht davonkommen lassen.

»Wenn man Ihnen so zuhört, Pater Alvaro, könnte man sagen, daß Sie den Glauben verloren haben«, sagte ich, um ihn wieder in Schwung zu bringen.

»Gott alleine weiß es!« antwortete er in gereiztem Ton, »das ist jetzt Seine Sache und nicht meine.«

Antwort, deren Zweideutigkeit dem Orden, dem er schon so lange diente, wohl zur Ehre gereichte.

»Übrigens«, nahm er das Gespräch wieder auf und gab mir einen leichten Ellbogenstoß, als ob er mir einen Tip für ein Rennen geben wollte, »je weniger man auf diese Insel mitbringt, desto weniger nimmt sie einem weg.«

Ich hörte noch das Knirschen, das bei ihm als Lachen galt, dann den Husten; er hatte sich noch nicht ganz mit seinen Bronchien auseinandergesetzt, da war ich schon eingedöst, ganz gerade auf meiner Stufe sitzend, bevor ich die Triftigkeit seiner Aussage ermessen konnte. Ich träumte. Ich sank wirbelnd in allzulange vergessene Landschaften herab. Ich sah Hecken, nasse Grasschwaden, den Regen auf den mageren von Misteln zerfressenen wilden Kirschbäumen, wo Amseln schon gegorene weinige Kirschen pickten, einen heimlich zwischen Weiden gestellten, mit einer grünen Plane bedeckten Wohnwagen eines Korbmachers...

Ein Windstoß vom Meer her weckte mich und brachte mich spornstreichs auf die Treppe der Kirche zurück, auf sechs Grad nördlicher Breite und siebenundfünfzig östlicher Länge. Ich wischte mit dem Unterarm mein schweißnasses Gesicht ab und versicherte mich mit einem Seitenblick, daß mein Gefährte immer noch da war. Die Brise blies seine Sutane auf, und er schwebte jetzt eine gute Elle über der obersten Stufe, die Achse seines Körpers pendelte leicht über dieser schwarzen Blütenkrone, seine Komödiantenstiefelchen bewegten sich im Leeren hin und her. Er schaute starr aufs Meer hinaus und rauchte eine seiner stinkenden Zigarren, ohne sich auch nur im geringsten Gedanken zu machen über seinen Schwebezustand, der zwar bescheiden war, mir aber doch recht unbequem erschien. Er war einfach ein wenig gestiegen, wie ein kartesianisches Teufelchen in der Flasche. Ein kleiner Dreispitz aus gesottenem Leder hatte seinen Pfarrerhut ersetzt. Er redete zusammenhanglos vor sich hin und schien mich ganz vergessen zu haben. Ich bemerkte, daß ich ihn im Schlaf an seiner Sutane festgehalten hatte und daß meine Hand noch ein Bündelchen Baumwollstoff zerknüllte.

Ich hielt ihn fester, überzeugt, daß diese alte, scherzende und ausgedörrte Grille ein, zwei Dinge wußte, die mir in nicht allzu langer Zeit von Nutzen sein würden. Ich hatte keine Freunde hier. Es kam nicht in Frage, daß der Wind mir diesen hier entführte. Um so weniger, als gerade die böseste Stunde der Nacht begann, gerade vor der Morgendämmerung, eine Stunde – wenn man meinen sachkundigen Gesprächspartnern in der Herberge glauben durfte –, wo die Luft nur so rauscht von Unheil und von unbestimmten Schatten, die nach irgendwelchen bösen Streichen pfeilschnell nach Hause zurückkehren. Das Meer war jetzt unruhig, aber hinter der Brandung hörte man vom Fort her die raschen und angsterfüllten Wirbel dieser Dämonenaustreibungstrommeln, die ich nun vollends verabscheute. Ich sah meinen Nachbarn das Kinn schütteln und erriet, daß sie ihm genauso auf die Nerven gingen wie mir.

»Pater Alvaro ...« Er rührte sich nicht. »Padre.« Dieses Mal murmelte ich fast. Er drehte langsam den Kopf, lächelte, entblößte dabei einige Zahnstummel, und es war, als sähe er mich das erste Mal. »Padre, glauben Sie an den Teufel?«

»Ohne Zweifel, mein Sohn, ich bin kein Kind mehr; aber ohne ihm so viel Platz einzuräumen, wie man es hier tut, und vor allem, ohne ihm ein Gesicht zu geben. Das bestgehütete Geheimnis des Bösen ist, daß es formlos ist, ihm Gestalt zu geben heißt, in die erste Falle zu tappen, die es uns stellt. Man sieht und hört hier nichts anderes, diese verrückten, unsinnigen Geschichten, diese geschwätzigen Phantastereien, diese krankhafte Koketterie mit dem Bösen, diese Geschäftigkeit, dieser Lärm ...«

Die Mißbilligung, die er sich bemühte, in Schranken zu halten, ließ ihn noch eine gute Handlänge höher steigen. Die Sohle seiner Stiefelchen war jetzt auf der Höhe meiner Augen, und mit erhobenem Kopf hörte ich die Fortsetzung eines Monologs an, der sich im übrigen nicht mehr an mich richtete. Er sprach, wie um sich selbst zu überzeugen, von einem Thema, das ihm ein Dorn im Herzen war. Ihm zufolge waren die Geschäfte Gottes nicht so schlecht geführt, wie man es hier flüsterte. Nach dreißig Jahren Aufenthalt auf der Insel kannte er sich in Teufeleien aus. Er hatte selten den kürzeren gezogen, und von allen Schülern, die durch seine Hände gegangen waren, hatte ihm die Magie nur einen einzigen entreißen können. Leider einen der vielversprechendsten, einen fünfzehnjährigen Tamilen, den ein Zauberspruch an den Pipalbaum gebunden hatte, der in der Mitte des Klosterhofs stand. Jede Nacht verließ er schlafwandelnd das Haus, man fand ihn beim Morgengrauen, die Arme um den Stamm geschlungen, die Wange an der Rinde, blaue Schatten um die Augen, schlief er aufrecht. Er wurde spielend mit den Banden fertig, mit denen man versucht hatte, ihn an seinen Strohsack festzubinden. Vielleicht hätte man ihn entlassen können, aber die Patres wollten sich nicht geschlagen geben. Der Exorzist der Diözese war extra aus der Hauptstadt gekommen, um über dem Kopf des kleinen Besessenen das Gebet von Leo XIII. zu sprechen. Da diese Gebete keine Wirkung zeigten, hatte man es auf die brutale Art versucht, indem man den schuldigen Baum umsägte zum großen Verdruß der Seminaristen, die bei jedem Marienfest Girlanden und Lampions daran aufhängten. Das Kind war am nächsten Tag tot. Ich kannte diese Art von Behexung, die hier oft vorkommt, wohlfeil ist und sehr schwierig zu lösen, denn wie Alvaro selber zugab, ist es vernünftiger, Bäume zu lieben als Menschen. Also nichts, was ihm wichtig genug schien, seinen Vorgesetzten weiterzumelden.

In einer anderen Nacht – es sind schon Jahre her –, nahe der Bastion von Klippenberg, hatte ihn ein Portugiese im schwarzen geschnürten Wams angehalten, sehr höflich gegrüßt, dabei den Staub mit seinem Barett abgebürstet und um die Absolution gebeten: er war vor dreihundertfünfzig Jahren ohne Sakramente gestorben, als er die Stadt gegen die Holländer verteidigte. Eine ganz natürliche Bitte.

»Natürlich habe ich ihm die Absolution erteilt, diesem armen Kerl! Die Nächstenliebe verpflichtet mich dazu, und ich habe nie mit Kreuzeszeichen gegeizt. Da löste er sich sogleich, Paternoster murmelnd, in Nichts auf. Was irrte er denn noch unter uns herum trotz den Zusicherungen, die Christus, und vor allem die Gesellschaft Jesu, sogar den gequältesten Seelen geben. Diese Insel mochte ihm den Verstand verwirrt haben. Als ich nach Hause ging, sagte ich mir: aber nein, was beschäftige ich mich in meinem Alter noch mit solchen Dummheiten! Diese von ihren Stiefeln betäubten Militärs gehen immer am Wesentlichen vorbei. Je nun, armer Mensch! Und dieser extravagante Hut! (Er hatte sich eben selber nicht gesehen mit seinem Hanswurst-Dreispitz.) Sehen Sie, worauf solche Gerüchte hinauslaufen: auf nichts oder fast nichts. Man darf sich mit solchen Geschichten nicht den Kopf vollmachen. Ich gebe indessen zu, daß es hier nicht nur eine Art gibt, vom Leben in den Tod zu wechseln ... nun! Ja ... nun ...!« murmelte er, wie um mich loszuwerden.

Er fand, für diese Nacht habe er genug gesagt. Ich nicht. Der Alte gefiel mir: man hört nicht auf, seinen Vater zu suchen, und ich hatte den meinen ein wenig verloren – den richtigen –, Stimme und Gesicht, unterwegs. Ich zog mit einem Ruck an seiner Sutane, damit er wieder runterkomme; wenn ich so zu ihm hinaufschaute, wie er da schwebte, bekam ich einen steifen Hals. Ein mit Dreck und Schweiß gebeizter Tuchfetzen blieb in meiner Hand. Der Pater Alvaro hatte sich verflüchtigt. Es schien mir, als sähe ich seine Silhouette mit voller Geschwindigkeit vor dem erbleichenden Vollmond vorüberrasen, und ich befand mich wieder alleine oben auf meiner Treppe. Es gibt Tage – Nächte vor allem –, wo man nicht zu sehr suchen soll, wer die Musik geschrieben hat, und einem geschenkten Gaul schaut man nicht ins Maul. Ich hörte mich lachend wiederholen: »Man-darf-sich-mit-solchen-Geschichten-nicht-den-Kopf-vollmachen.« Schon seit einigen Tagen hatte ich nicht mehr gelacht, nicht einmal über mich. Dieses Gespräch unter den Sternen hatte mir neue Kraft gegeben. Die Morgendämmerung breitete am Himmel prunkvolle blutrote Vorhänge aus. Ich erreichte mein Zimmer ganz aufgeheitert, warf mit energischen Besenstreichen einige Einsiedlerkrebse, Tausendfüßler und Skorpione hinaus, deren Karma mir nicht entschieden schien, heftete ein großes Blatt für die Ideen von morgen an die Wand und wusch und pflegte alles, was wünschen konnte, gewaschen und gepflegt zu werden. Ich schlief in einem wie ein Skelett gescheuerten Zimmer ein. An diesem Morgen hätte ich gewünscht, daß eine fremde Hand mir die Augenlider schließe. Ich war unerklärlich erleichtert, und Glück muß geteilt werden. Ich war allein, ich schloß sie mir also selbst. »Wie geht es mir? Gut, danke, und mir?«

Am nächsten Tag, spätnachmittags, fragte ich den Wirt, ob ihm der Namen Alvaro etwas sage. Er war gerade daran, ein Netz auszubessern, und die schwindelerregende Arbeit seiner Finger setzte einen Moment aus. Ohne die Augen zu heben, antwortet er mit einer dumpfen und veränderten Stimme, daß man ihn seit Jahren nicht mehr gesehen habe, hielt die Frage, die ihm auf den Lippen brannte, zurück, dann fanden seine Hände den Rhythmus wieder. Ich wandte mich ohne mehr Erfolg an die Diözese der Hauptstadt, dann schrieb ich den Jesuiten auf dem Kontinent vom Kollegium Sankt Thomas, wo ich Freunde hatte. Pater Mathias antwortete mir nach mehr als zwei Monaten. Gregor Mathias Impferfisch war ein barscher Schwabe mit rotem Gesicht, der unter seinem groben Benehmen viel Feinsinn und Humor versteckte. Unvergleichlicher Latinist und ausgezeichneter Spezialist der indischen Musik. Ich erinnere mich – aber war es wirklich in diesem Leben? –, daß ich ihn einmal gefragt habe, wo er diesen unwahrscheinlichen Namen aufgegabelt habe. Er hatte mir mit einem homerischen Lachen geantwortet, daß Beelzebub ihn eigens für ihn »mit langen Zangen« geschmiedet habe. Die Geschichte, die mich beschäftigte, berührte ihn so sehr, daß er sich in seiner Muttersprache ausdrückte, auf Deutsch. Ich hatte Mühe, seine hohe stolze Kalligraphie zu entziffern, denn er schrieb

Fraktur. Ich habe diesen Brief verbrannt, da ich glaube, daß gewisse Dinge nur einmal gelesen werden dürfen, und ich gebe hier nur das Wichtigste wieder. Alvaro und er hatten praktisch zusammen die Schule besucht, an den Grenzen Tibets, dann in Kaschmir. Er schien das Enfant terrible dieser kleinen Gesellschaft gewesen zu sein. Als er gegen fünfzig war, legte er sein Priestergewand ab, um mit einer Eingeborenen eines Stammes von Süd-Dekkan zusammenzuleben.

»... das sind läßliche Verfehlungen, aus denen wir Nutzen ziehen müssen. Aus der Savanne schickte er uns Briefe voll von wertvollen Informationen über den Glauben, die Musik, den Dialekt dieses noch wenig erforschten Stammes. Wir kamen am Abend zusammen, um sie einander vorzulesen. Wir wußten, daß er zurückkommen würde. Eine Frau kann es mit Gott aufnehmen, aber nie für sehr lange. Ein Jahr war noch nicht vergangen, als er begann, sich nach uns zu sehnen. Der Stachel des Fleisches, ha ha! Bei seiner Rückkehr haben wir ein gemästetes Kalb geschlachtet, um so mehr, als er uns die erhoffte Grammatik mitbrachte ...«

Die Sanktionen waren leicht und reine Formsache. Er selbst hatte sich kurz nachher entschlossen, als Sühne, zu der ihn niemand aufforderte, auf die Insel in die Verbannung zu gehen. Er starb im September 1948 an einem Anfall von Bronchitis in einem Altersheim, das die Gesellschaft bei Manar besaß. Sein Tod hatte Ärgernis erregt, denn als er am Ersticken war, hatte er wütend die Sakramente zurückgewiesen, die ein junger schwäbischer Tölpel ihm verabreichen wollte. Seine kleinen altersfleckigen Hände hatten eine Bewegung gemacht, wie um etwas Lästiges abzuwehren; er hatte noch die Kraft, »kein Theater« zu brüllen, bevor er in sein Kissen zurückfiel, so tot wie nur möglich, sein Körper wie in mehrere Stücke gebrochen.

Schon sechs Jahre her! Der Brief endete mit den Worten: »Er war ein schrulliger Mann, ein eigenwilliger Mensch, wie wir sie bei uns lieben, einer unserer besten Linguisten auch.« Dazu eine Sammlung von sarkastischen Segenswünschen, die dieser alte Gauner seinem ketzerischen Freund schickte.

Dieser Schluß berührte mich mehr, als er mich überraschte. Inzwischen hatte ich Pater Alvaro zweimal unter dem gleichen Mond oben auf der gleichen Treppe getroffen, wo er bereit war, die Artikel zu korrigieren, die ich auf Englisch für die Hauptstadt schrieb. Meine Arbeit schien ihm am Herzen zu liegen; seine Kritiken zum Inhalt wie auch zur Form waren äußerst treffend. Sein Wortschatz war großartig, ganz speziell für alles, was mit Verfall, Verlassenheit, Kummer zu tun hatte: »forlorn, unwanted, god-forsaken, derelict, crest-fallen« usw. Er verdrückte sich immer auf seine Weise, fliegend und überraschend, ließ mich da sitzen ohne Vorwarnung, oft mitten in einem Satz, und schwebte leicht wie eine Rußflocke davon. Ich las die auf den Stufen verstreuten Blätter zusammen, die von feinem Gekritzel bedeckt waren, und verbrachte den Rest der Nacht an der Arbeit.

Meine Prosa trug mir große Komplimente ein, aber ich konnte niemandem erklären, welcher Gefälligkeit ich diese Erfolge zu verdanken hatte. Welche Fortschritte ich auch immer nachher in dieser von mir geliebten Sprache gemacht habe, nie wieder habe ich mit solcher Meisterschaft und solch dunklem Glanz geschrieben. Noch fünfundzwanzig Jahre später lese ich diese Texte, die nach Schwefel und Einsamkeit riechen, nicht ohne eine Art Schaudern.

»Die Welt der Schatten«, hatte mir der Pater das letzte Mal, als ich ihn sah, gesagt, »dreht sich in Schrecken ohne Substanz noch Achse.« Und in seiner Stimme schwang eine Heftigkeit und Bitterkeit, wie ich sie bei ihm noch nie gehört hatte. Er war immer noch gleich dreckig und ungepflegt; eine Geschwulst begann hinter seinem linken Ohr zu wachsen. In dieser Nacht hatte ich noch nichts von ihm gehört, und ich war nicht sicher, ob er nicht für sich sprach. Wenn ich, der ich ohne Treu und Glauben bin, es gewußt hätte, hätte ich ihm selbstverständlich die Absolution erteilt, diesem armen Kerl, der immer noch unter uns weilen muß, *mit seinem extravaganten Hut*.

Amen!

XVII

Der Gesellschafter

»Ich gehe aus, denn ich habe
zu tun: ein Insekt wartet, mit mir
zu verhandeln.«

Saint-John Perse

Als ich ihn die Straße überqueren sah, glaubte ich, es sei eine Maus. Es war ein Käfer, tropisches Modell, gehörnt, fünfmal so groß wie die, die La Fontaine in Versailles sehen konnte. Die Größe einer Tabaksdose. Er stieß eine Mistkugel vor sich her, stieß und hielt sie zugleich aus Angst, daß der Wind sie ihm wegblase. Ich war auf dem Stuhl des Barbiers, das Gesicht voll Seife. Ich schob das Rasiermesser von meiner Kehle weg und stürzte auf die Straße, um ihn zu fangen. Er hatte überhaupt kein Verständnis dafür und spaltete mir zum Gruß die Daumenkuppe. Vor Schmerz und Überraschung schloß ich die Faust: er erstarrte augenblicklich, stellte sich tot, ohne seine Kugel loszulassen, wie jene ruhenden Kaiserstatuen, die die Weltkugel gegen ihr lebloses Herz halten. Ich trug diesen Markasitbürger zu mir nach Hause – man hält sich die Begleiter, die man sich leisten kann –, brachte ihn mitsamt seinem Paket und einem Salatblatt in einer Zigarettenschachtel »Four Roses« unter, in deren Deckel ich Löcher bohrte, und machte mich wieder an die Arbeit. Nach einer halben Stunde fand er, seine Scheinohnmacht habe lange genug gedauert, und fing an, in seiner Behausung ein Getöse zu machen, das den Lärm meiner alten Remington übertönte. Es gelang ihm sogar, den Deckel hochzuheben, und ich sah zwischen zwei Beinen, die sich an den Rand klammerten, seinen großen, stumpfen und erzürnten blechbedeckten Kopf erscheinen, wie jene Kochkesselgestalten, die Hieronymus Bosch heimsuchten. Ich glaubte in seiner Chitinsprache die Schimpfrede zu vernehmen, mit der er neben tausenderlei anderem ein Beschwerdeformular verlangte. Ich konnte nicht mehr ernst bleiben – nur noch Insekten können mich hier zum Lachen bringen –, und dieser Anfall, den er zu Unrecht für Spottgelächter hielt, brachte ihn total aus der Fassung. Er erzeugte, indem er zwei Teile seines Panzers gegeneinanderrieb, ein unerträgliches Knarren und schaute mich dabei ununterbrochen mit wütenden Augen an. Ich stellte ihn mit seinem Essen und seinem Gepäck in eine ruhige dunkle Ecke neben meine Gitarre. Wo ihm nichts geschehen kann: keiner meiner Untermieter kann diesem Koloß zu nahe treten, noch ihm in seiner Komik gleichkommen, wo er es doch fast mit uns aufnehmen kann.

Ich fand ihn ohne Mühe in den Tafeln von Leffroy wieder – ich glaube nicht mehr an den Zufall – auf derselben Seite, die mich vor einigen Monaten so neugierig gemacht hatte, daß ich das Buch kaufte. Es ist ein Männchen der Art Heliocopris Midas; die Kugel, welche Ursache seiner Mühen zu sein scheint, enthält seine

Nachkommenschaft. Und der Autor fügte bei: »Sometimes they fly in the rains.« Is that so? Sometimes? Gütiger Heiland, wenn das nicht eine angelsächsische Untertreibung ist! Kaum ist der erste Tropfen im Hof gefallen, ist er schon in der Luft, so geräuschvoll wie ein Bomber in Not, stößt überall an, bevor er auf meinem Tisch notlandet, ganz betäubt von seinem Flug. Dann sperre ich ihn in seine Schachtel, weil es mir Spaß macht zu sehen, wie er daraus hervorkrabbelt. Er verbrachte eine gute Woche in meinem Zimmer, holte sich Grünzeug aus meiner Hand, werkte maßvoll in den Ecken oder rollte seine Mistkugel, schwarz, korrekt, besorgt mit seiner biederen Polizistenmiene. Vorgestern, es regnete stark, ließ er sich auf der Balustrade des Balkons nieder, überlegte sich seine Entscheidung reiflich, flog schwerfällig zu dem aufs Meer schauenden Banyan und ist nie mehr wiedergekehrt. Er hat mir – der ich nichts von Kindern verstehe – seine Familie überlassen, aber ich habe keine Ahnung, an welchem Ort er seine Brut versteckt hat. Manchmal, in diesem Raum, der immer enger wird, und in meiner verlangsamten Zeit, scheint es mir, daß ich diese Mistkugel, in der Larven ausgebrütet werden, ticken höre wie eine Höllenmaschine. Ich muß hier weg, damit dieses Zimmer, dieser Wirt mit seinen Atropinaugen, diese Insel bald nur noch eine Erinnerung sein werden, bevor dieses Ding aufbricht.

XVIII

Rückkehr der Erinnerung

»Remember to remember«

Henry Miller

Freitag

In dieser Nacht fuhr ich aus dem Schlaf auf, weil die Katze den Blechnapf, in dem ich einen Fischkopf aufbewahrt hatte, hinunterwarf. Heute, am frühen Morgen, der Wirt: »Ba-o-u-vi-e-rr Sahib.« Hier hat ein Name von weniger als acht Silben weder Glaubwürdigkeit noch Substanz; zwölf oder vierzehn machen einen Mann. Meiner, der nur zwei hat, sieht aus wie ein kümmerlicher Scherz, wie ein bis an die Finger gerauchter Zigarettenstummel. Dazu kommt noch mein so bescheidener Lebenswandel. Um mir also eine überflüssige Demütigung zu ersparen, dehnt und dreht ihn der Wirt endlos auf seiner Zunge. Er ist ein echter Shivait, der eher ersticken als eine Rupie stehlen würde, dem diese Aufmerksamkeiten ganz natürlich kommen und dessen Karma mir gar keine Sorgen bereitet. Er streckte mir eine lange Depesche und eine Überweisung hin: die beste Zeitschrift der Insel hat mir ihren jährlichen Preis verliehen für die vier Berichte, die sie publiziert hat, und bestellt einen fünften, sofort zu liefern, über Aserbaidschan, im voraus bezahlt. Die Pandits der Redaktion gratulieren mir außerdem zu meiner »Kenntnis des Ostens«. Es sind dünne Gentlemen mit Mahagoniteint, Dohlenaugen und silbergrauen Schläfen, die Krishnamurti oder Ruskin im Wortlaut zitieren und beim Frühstück leise Mahler vor sich hin pfeifen. Kenntnis des Ostens? Und ich habe noch nicht einmal begriffen, in welche Falle ich hier geraten war noch, warum ich darauf beharre, darin zu vermodern. Es scheint auf jeden Fall, daß die in diesem Brutofen gemachte Arbeit genügend real war, um gedruckt und prämiiert zu werden. Ich vermute, daß da auch Pater Alvaro dahintersteckt. Einen Augenblick lang sah ich sein kleines, schwarzes Gespenst, verloren oben auf der Treppe, und ich habe dieses Bild aus meinem Herzen vertrieben. Wer keine menschliche Möglichkeit hat, eine Schuld zu begleichen, vergißt sie besser ganz. Tausenddreihundert Rupien, das ist genug, um nach Japan zu fahren, dort zu genesen, dort einige Zeit zu leben.

Ich las dieses Telegramm noch einmal und ging einen Moment im Bassin des Hofes marinieren inmitten der halbertrunkenen Küchenschaben. Der Tag brach an. Letztes Hahnenkrähen und das Geräusch morgendlicher Waschungen. Einige Schritte vor mir stiegen Erleichterungsseufzer aus der Latrinenhütte; im Dunkel der Luke, die in die Tür geschnitten ist, sah ich ein noch dunkleres Gesicht, die Stirn voll Schweißtropfen, in einer träumerischen Konzentration erstarrt, das mich anschaute, ohne mich zu sehen.

Ich zählte die Tage und antwortete, daß sie ihren Text

Dienstag haben werden. Und das hat das Tagebuch, das ich hier zu führen versuche, unterbrochen, denn seither ist nichts passiert außer diesem: von Hand geschrieben, bis zum Leuchtturm getrabt, um mich in der Gischt zu erfrischen, mit der Maschine abgeschrieben, wieder ausgegangen für die Zigaretten, wieder geschrieben, zwei Stunden geschlafen, wieder gelesen, korrigiert, dann nächtlicher Spaziergang zur Stunde, wo die Stadt still ist und schön in ihrem betäubenden Jasminduft, in meinem Hemd einen Plan des Texts von der Größe eines Plakats. Etappenweise Halte in den noch offenen Kneipen, streichen, verbinden, verfeinern, bis ich außer Atem bin, mit dem Gefühl, ein Mörder zu sein, der sein Messer schleift. Auf dem Toilettenkübel hockend, eine Abkürzung finden, ein Adjektiv im Rasierspiegel; hier und da – beim Abschreiten meines Zimmers – ein Wort wie ein frisch ins Stroh gelegtes Ei, einen Untertitel, während mir ein Glas aus der Hand fällt und zerbricht, eine Erkenntnis dank einer herunterpurzelnden buddhistischen Harfenmelodie aus den Straßenlautsprechern. Der Tag kommt in den Text hinein wie in eine Walzanlage. Hier und da eine Stunde Englisch, um auf andere Gedanken zu kommen, die nichts davon wissen wollten, denn jedes Wort verwies mich auf ein Gesicht, einen Geruch, ein Echo von Täbris, wo ich mir vor zwei Jahren die Füße warm gestampft hatte. Ich würde eine herbe Klarinette und den Filz eines einwöchigen ununterbrochenen Schneefalls brauchen, um dieser unvergeßlichen, so tief verschütteten Überwinterung gerecht zu werden. Ich habe nur einen heißen und tiefen Himmel und einen in dieser Treibhaushitze blutarm gewordenen Wortschatz. Es ist jetzt nicht der Zeitpunkt, wählerisch zu sein: ich klammerte mich an die Arbeit von einem nächtlichen Regen zum andern, hin- und hergeworfen wie ein Stück Holz auf See, versuchte ich die beiden unversöhnlichen Geographien in meinem Kopf nebeneinander leben zu lassen. Kurze Schlummer, wo ich die Stadt im Kampf dem beendeten Text entsteigen sah, schwarz und eisig in ihren bekrallten Weingärten. Die Nacht tropfte endlos; durch die offenen Flurtüren hörte ich meine Nachbarn in ihrem unruhigen Schlaf stöhnen, glucksen, vor sich hin reden wie rotglühende Eierkohlen.

Sonntag

...Bilder, die ich mit Leib und Seele verloren glaubte, kamen mir so schnell und heftig wieder, daß meine Feder Mühe hatte zu folgen. Einzige Ablenkung: dieser Ameisenweg, der seit gestern meine Diele mit dem Dachstuhl verbindet und gerade an meinem Tisch vorbeiführt. Ein rötliches fluktuierendes Band, zwei Einbahnpisten. Sie haben sich in den Kopf gesetzt, auf dieser Vertikalen die Leiche eines kleinen Geckos zu tragen, der unvorsichtigerweise auf den Gedanken gekommen war, ihre Straße zu überqueren. Von oben ziehend, von unten stoßend, machen sich Hunderte von ihnen eifrig um das kleine Tier zu schaffen, dessen Überreste von einem Samtteppich von Arbeiterinnen moiriert wird. Er fiel mehrere Male hinunter, und sie verloren so hart erkämpftes Terrain. Sie verbrachten einen oder zwei Tage auf der Höhe meiner Maschine, und manchmal unterbrach ich meine Arbeit, um die Baustelle mit meiner Bleistiftspitze zu stören. In der bedrohlichen Stille der Siesta, wo sich kein einziges Augenlid in der Stadt bewegt, schien mir, als ob ich die Pfeifen der Vorarbeiter, die Flüche der Kranführer, das Schnarren der Winden hörte. Ich hoffe fertig zu sein, bevor sie mit ihrer Last in den Schlupfwinkeln meiner Decke verschwinden. Es sind große Œcophyles smaragdines, die mich noch nie besucht hatten. Wunderbar stromlinienförmig, poliert wie die Stiefel des Marschalls Lyautey, sehr stolz auf ihre feine Figur. Snobistisch und verdammt hochnäsig: das Feinste vom Feinen der äquatorialen Myrmekologie. Alle anderen Ameisen hassen sie und greifen sie an.

Montag

Ich weiß nicht, wo die Tage hingekommen sind. Ich hatte darüber sogar die Post vergessen. Um zwölf verklemmte sich die Schreibmaschine. Trug sie zum Uhrmacher, einem praktisch blinden Greis, den man oft unter seinem Werktisch hocken sieht, wie er mit einem Magneten in der Hand im Staub die Schrauben und Federn sucht, die er verloren hat. Er löste einige Schraubenmuttern, schüttelte zitternd die Maschine über dem Rinnstein, und die Kugellager verstreuten sich wie Quecksilber in der entzückten Zuschauermenge. Unmöglich, hier eine andere zu finden. Der Uhrmacher besitzt eine, als Pfand für eine Arbeit, die man ihm schuldet, aber schreckt davor zurück, sie mir mitzugeben. Ich schrieb also meine Kopie an seinem Werktisch weiter, ein Dutzend Köpfe schauten mir dabei über die Schultern und spuckten Betel in anmutigen Bahnen knapp an meinen Ohren vorbei. Ich halte den Zeitplan, aber während ich mich im benachbarten Tabakladen wieder eindecke und der Uhrmacher einschläft, klimpern meine Zuschauer auf den Tasten und vertreiben sich die Zeit damit, Sätze aus einem alten »Paris-Match« dazuzuschreiben, das mir als Unterlage dient. Als ich mich nach der Rückkehr wieder las, entdeckte ich verblüfft, daß die Musiker meiner armenischen Taverne »in Begleitung des Fotografen G. Reyer und unseres Reporters D. Lapierre« waren. Ich schrieb diese verpfuschte Seite neu, und der Nachmittag ging vorbei, ohne daß ich die Nase hob. Um Mitternacht durchquerte ich leicht wie eine Feder das Fort, um den Umschlag dem rosa Autobus zu übergeben, der in die Hauptstadt fährt. Dienstag abend. Noch nie sind vier Tage so schnell vorbeigegangen. Fünfundzwanzig Seiten: Ich weiß nicht, ob es gut ist, aber es gleicht dem, was ich erlebt habe, nicht schlecht. Von der Haltestelle zurückgekommen und mit nackten Füßen herumgehangen in einem Anschein von Frische. Aus meinem entflammten Kopf spritzten Ideenfetzen über China, den Voodoo, das Akkordeon, die Liebe, einfach alles! Ich hielt an jeder Straßenecke an, um diese Bruchstücke aufzuschreiben, indem ich mit einer Hand mein Papier gegen die Mauer hielt. Ende des Ergusses. Setzte mich unter den Banyan neben der Herberge, um die Seebrise einzuatmen und mich zu fragen, ob dieses Diktat weitergehen werde. Schlecht geschlafen wegen leuchtender austernfarbener Wolken, die den Vollmond verdeckten und freigaben. Am Morgen kaufte ich eine Ananas, einen kleinen Rochen, einige Zigaretten und ein Viertel Rum. Das Zimmer gewischt und einen Bogen unbeschriebenes Papier an meine blaue Wand geheftet, um die Ideen des Tages einzufangen und vor allem diesen Ameisenweg abzuschneiden, der mich ganz schwindlig macht. Da sie das Weiße fürchten, teilen sich ihre Kolonnen, wenn sie den Rand erreichen, und rahmen das Blatt mit einer Art Pelz genau ein. Gleicht einer großen Todesanzeige, wo der Name noch einzuschreiben wäre. Kauend sagte ich mir: »Nicht meiner, nicht heute.« Dann erst dachte ich an die Post, ich hatte einen Brief aus Europa, den ich in der Kneipe der Docker lesen ging. Dunkler Schein der Gesichter, mit einem Tuch bekleidete Lenden, dunkle magere Beine mit Verbänden, auf dem Tisch Kautabak auf einem Stück Zeitung und der Spielautomat im Bernsteinlicht, das die Armseligkeit vergoldete. Ich fand den Satz »Im Norden von Grenoble regnete es. Das Gras stand hoch. In den Nußbäumen saßen Eichelhäher«, der mich eigenartig bewegte. Wegen des Grases. Hier, wo sich die Vegetation keine Laune versagt, wo Orchideen wachsen wie Klee, ist das Gras grob und geschmacklos. Wie wenn es zu schnell wachsen würde, um sich noch darum zu kümmern, eine Form zu haben. Europa mag alle Fehler haben, aber es hat unvergleichliches Gras: der Schmuck der Wiesen, von Dürer gezeichnet oder Halm für Halm gemalt von den Miniaturmalern des Mittelalters, jenen großen Wanderern, Obst- und Hühnerdieben, Gras, das normalerweise als Hintergrund dient für Märtyrerszenen, Gemetzel und Krieg. Jerusalem und Troja brennen auf einem Teppich von Vergißmeinnicht. Der Regen? Auch hier regnet es: wunderbare Wirbelstürme, die die leeren Flaschen von meinem Balkon gefegt haben. Mein Dach tropft überall, ich unterbreche meine Arbeit, um Eimer unterzustellen. Jetzt fängt es gerade wieder an, und es ist schön. Nicht einmal im Kino kann man das sehen, es wäre zu teuer. Es stürzt nur so auf den Banyan, den Leuchtturm und das Meer, das davon betäubt ist, stumm, bezwungen bis zur Antarktis.

Ein junger roter Skorpion ist gerade zu mir hereingekommen, betrunken von Feuchtigkeit, bis aufs Gift durchnäßt, dreht er unnütze Runden bis zur Erschöpfung. Nordwestmonsun. Mein ganzes Bestiarium ist trunken: da sind lauter Zangen und Stacheln, die sich in den Spalten und Ritzen meines Zimmers rühren. Sogar die Termiten haben in ihrer verfluchten Arbeit innegehalten. Es ist das erste Mal, seit ich hier bin. So stumpf sie auch sind, die Feierlichkeit dieser Meteorologie ist stärker als sie. Im Moment zittern sie vor und zurück auf ihren kurzen Beinen und geben eine Art von Zischen von sich. Möglich, daß sie singen. Sie haben recht. Und ich blühe ganz allein inmitten meiner kleinen Hölle wieder auf.

XIX

Heute morgen

Der Uhrmacher hat ein von Trachomen weiß gewordenes Auge, und die schwarze Lupe auf dem anderen gibt ihm das Aussehen einer Schnecke. Ich brachte ihm meine Uhr, die vorgestern stillgestanden ist. Guten Tag! Aber heute morgen antwortet er nicht: er ist wie erstarrt von etwas auf seinem Arbeitstisch, mitten zwischen Werkzeugen und Weckern. Durch den Schweiß, der mir in den Augen brennt, erkenne ich eine ellenhohe rötliche Wolke, die sich um sich selbst dreht, sich wie eine Säule Flugameisen wellt und dazu ein rasches, rauhes Keuchen von sich gibt. Das ist unerträglich. Welche Schurkereien hat wohl diese Kreatur in einem vorherigen Leben begangen, um heute in einer so niederträchtigen Gestalt erscheinen zu müssen. Ein Schwall von Galle kam mir hoch. Der Uhrmacher scheint zu wissen, worum es geht. Mit der Hand bedeutete er mir, auf der Schwelle zu bleiben, und ohne den Werktisch aus den Augen zu verlieren, wie jemand, der sich daranmacht, mit einer Tarantel fertig zu werden, schickte er mich, den Exorzisten zu holen, der eingerollt wie ein Hund zwischen zwei Lorbeerbäumen in Töpfen im Hof des Kinos »Cosmic« schläft. Er begleitete mich gähnend bis zur Werkstatt, fächelte der Erscheinung mit einem Bananenblatt Luft zu und fragte sie nach ihrem

Namen. Durch den Wirt – er brachte eine vom Rost verklemmte Haarschneidemaschine – konnte ich etwas mehr über die Verhandlung erfahren, die sich anbahnte. Der Uhrmacher habe Unrat auf ein Grundstück geworfen, auf das »der andere und die Seinen« Anspruch erheben. (Oft verstecken sie sich hinter solchen dürftigen und verschwommenen Vorwänden, um etwas von uns zu erpressen.) Am Ende eines Kuhhandels, während dem ich den Uhrmacher bei jeder Antwort unmerklich den Kopf schütteln sah, um auf den Preis zu drücken, schnitt man dem dünnsten Hühnchen, das man finden konnte, den Kopf ab, und der widerliche blutige Schwarm verflüchtigte sich wie Rauch. Es hat jetzt ein Dutzend Nachbarn unter der Tür, und das Ereignis wird ausgiebig kommentiert. Der Exorzist erhält zwei Rupien, die er in den Gürtel steckt, und kehrt zu seiner Siesta zurück, das geköpfte Huhn unter dem Arm. Die Hitze ist niederdrückend trotz des grauen Himmels und der gefilterten Sonne. Ich habe zittrige Beine und fühle mich übel. Ich frage mich auch, inwiefern diese reparierte Uhr mir nützlich sei. Mein Verhältnis zur Zeit ist schon lange nicht mehr, was es früher war: den Vornamen meines Vaters wiederzufinden kostet mich manchmal mehrere Minuten; seit mehr als einem Monat verschiebe ich es, nach Europa zu schreiben, und ich weiß sowenig wie der Uhrmacher, was ich bei der Rückkehr auf meinem Tisch vorfinden werde. Ich habe Angst, sachte auf die andere Seite des Spiegels gerutscht zu sein und daß diese Angst den Rest meines Verstandes überschwemmt.

Auf dem Heimweg versicherte mir der Wirt, daß der ganze Zirkus nur Betrug und Schwindel sei: der Exorzist verspürte Hunger auf ein Hühnchen und Lust, seine Macht auszuüben, und führte den Uhrmacher hinters Licht, indem er ihm diesen kleinen Schrecksack schickte (es ist wahr, daß er für einen schlafenden Menschen recht schnell auf den Beinen war). Er hat, so scheint es, noch andere Streiche auf Lager. Der Wirt trägt einen roten Faden an seinem rechten Handgelenk, um sich vor solchen Irreführungen zu schützen, und läßt sich nicht leicht auf den Arm nehmen. Er fügte bei, daß der böse Geist, der ihm wie allen anderen klar erschienen ist – ich bin der einzige Einäugige hier –, eine ausgefranste brahmanische Kordel um den Hals trug, deren weiße Farbe sich in ein häßliches Ochsenblutrot gewandelt hatte. Ich antwortete ihm sauer, selbst wenn er recht habe, so wünsche ich doch von diesen Machenschaften verschont zu bleiben. Seit ich ein wenig wahrzunehmen beginne, was meine Nachbarn jeden Tag sehen, geht es mir nicht etwa besser, weit gefehlt. Aber ich habe unrecht, diesem Mann etwas vorzuwerfen, der mir immer nur Gutes getan hat. Er kennt mich besser, als ich mir vorstelle. Er fühlte, daß ich am Zusammenbrechen war. Etwas später stieg er bis zu meinem Zimmer hinauf, um mir das kleine Mädchen zu zeigen, das seine Frau ihm vor einigen Tagen geboren hatte. Es lag auf dem Samtkissen wie eine Brosche. Ein matter Teint, Karfunkelaugen und die längsten schwarzen Haare, die ich je an einem Neugeborenen gesehen habe. Er hielt es auf gestreckten Armen, die Augen gesenkt, den Körper vom

Glücksüberschwang gebeugt. Ich berührte mit einem leichten Zeigefinger die kleine Stirn, die sich sogleich mit Schweißtropfen bedeckte. Das Kind lag ganz still, ganz wirklich, ganz menschlich. Wir schwiegen beide vor diesem kleinen Wunder. Ich hörte, wie sich im Hof ein Fahrradreifen drehte, der eben geölt worden war.

XX

Der letzte Zauberer

»Wo ist die Faust, wenn sich die Hand öffnet?«

Allan Watts

November

Zurück vom Strand zwischen Tag und Nacht. Die trüben Farben drängten sich noch, bevor sie wieder ins Dunkel zurückgeholt wurden. Durch den Bazar gegangen, der sich leerte. Die letzten Auslagen wurden zusammengepackt. Unter dem Zelt des Fischhändlers spielte ein wandernder Musikant mit geschlossenen Augen. Um ihn herum glänzten in den Pfützen die Geldstücke, die man ihm zugeworfen hatte. Es hatte wieder angefangen zu regnen. Liebeslied, die näselnden Saiten der Vina, die hohe, klagende Stimme. Auch ich schloß die Augen, ich hörte das mörderische Summen einer Wespe, die um einen hoch geschlitzten Rock irrte. Ein wenig weiter, auf dem aufgeweichten Rasen, der den Markt vom Fort trennt, schloß ich mich einigen Verspäteten an im Kreise um einen gebräunten alten Mann, der den Handstand machte. Diese Gaukler, die vom Kontinent kommen, tauchen auf unseren Plätzen auf und verschwinden wieder ohne Warum und Wie. Nachdem er sein Gleichgewicht gesichert hatte, krümmte sich der Alte ein wenig, führte seinen rechten Arm hinter den Nacken, kreuzte die Beine in der Lotosstellung und blieb so im Gleichgewicht auf einer Hand, bis seine Kinnlade zu zittern anfing. Er trug Stahlringe an den Fußgelenken. Er setzte die Füße wieder auf den Boden, machte zerstreut zwei Salti mortali, um sich seinem kleinen Taschenspielermaterial zu nähern, das in ein rotes Baumwolltuch geknüpft war. Der Nebel, der in raschen Schwaden vorbeizog, entrückte uns und gab uns unsere Silhouetten von unentschlossenen Gaffern zurück. Ich schaute in dieses scharf gezeichnete Faunsgesicht von jener fast ätherischen Schönheit, die man manchmal in Maharashtra findet und die zu diesem trockenen und kräftigen Körper gehörte. Ich dachte mit Sehnsucht an die Nächte, die er unter freiem Himmel verbracht hatte, bevor er hierherkam. Einsame Tempel auf den Hügeln, Warten im Morgengrauen, Hände hinter dem Nacken neben einem mennigeverschmierten Ganesha, Mistfladen, strahlende Lächeln, staubige, noch vom Tag warme Marktflecken, mit Blumen geschminkt für ein schnell vorbeigehendes Fest. Ich schaute den Nomaden an, der ich nicht mehr war und wieder zu werden träumte. Er zog aus seinem Bündel sechs kleine Messer mit Ebenholzgriff, kurzen gebogenen Klingen, die Pfropfmessern glichen. Bestimmt würde er sie werfen. Das ist eine schwierige, gesunde, befreiende Übung, in der ich mich oft ohne viel Erfolg versucht hatte. Ich habe immer davon geträumt, geschickt zu sein; ich zitterte vor Ungeduld. Er zog sie eines ums andere aus ihrer

Scheide, hauchte jedesmal auf die Klinge und stieß sie sich bis zum Griff in den Nacken und in die Kehle, ohne daß ein Tropfen Blut herausquoll. So gespickt ging er in unserer mageren Zuschauerschaft herum, schüttelte einen Sammelteller, von den verdrehten Augen war nur das Weiße sichtbar. Die Haut am Hals war narbig und bleich, der Ausdruck dieses blicklosen Gesichts arglistig und verschlagen. In der Umkehrung der Geste, die ich erwartet hatte, steckte eine kaum verhüllte Drohung. Dieser lustige Gymnosophist war nur ein Missetäter von der übelsten Sorte. Als er an mir vorbeiging, hörte ich tief in meinem Innern das Geräusch eines Schlosses, das zuschnappt. Ich war stumm vor Schrecken. Ich stopfte das Geld, das ich ihm hatte geben wollen, wieder in meine Tasche und kehrte zu meinem Zimmer zurück. Ich traute mich kaum, den Kopf zu drehen, wie wenn die Messer dieses Judas in meinem Nacken steckten, ich pißte in Gedanken auf das Grab seiner Mutter und spürte dabei, wie mein Geist sich verfinsterte. Ich hätte weinen mögen. Als ich durch das Festungstor ging, war ich so verstört, daß ich mit der Stirn gegen das verrostete schiefe Schild stieß, das das Spital ankündigt – »Ruhezone« –, und mir die Augenbraue verletzte. Tränen kommen nur langsam, Blut jedoch macht weniger Umstände. Ich strich mit den Händen über mein triefendes Gesicht, hielt an, um mir die Handflächen zu lecken – es war köstlich und salzig –, ging weiter und hinterließ eine klebrige Spur wie die sterbenden Insekten, die ich so oft an meiner Wand gesehen hatte. Ich aber begann wieder zu leben: ich war auf dem tiefsten Punkt angelangt, ich stieg wieder hoch wie eine Luftblase. Mein endlich geöffneter Kopf leerte sich wie im Traum von all den schwarzen Wahnvorstellungen, die dort schon allzulange moderten. Ich will heute nicht mehr alles aufzählen, was daraus in Blitzesschnelle entwich, um sich in aller Stille aufzulösen. Vor der Herberge brandete das schwere unruhige Meer genau im Rhythmus meines Herzens. Blieb einen Moment auf dem Damm sitzen, um ja keinen Tropfen dieses wundertätigen Ergusses zu verlieren. Wieder in meinem Zimmer, machte ich mich ans Packen und vertropfte alles mit Blut. Diese Wunde war unwichtig gegenüber dem Rumoren der Freude, das um mich herum aufstieg. Jetzt weinte ich wirklich, und noch nie schienen mir Tränen so gut. Aus den Spalten und Ritzen der vier Wände sah ich Zangen, Stacheln und Flügeldecken hervorkommen. Meine ganze Menagerie verabschiedete sich unruhig von mir. Auf der holländischen Anrichte spannte der Skorpionsfisch (sie hatte ihn mir gegeben) seinen giftigen Sonnenschirm in alle vier Himmelsrichtungen. Neben dem Glas drückte sich ein kleiner Krebs, rosa wie eine Wange, die Zangen zum Zeichen der Trauer. Ich ließ auf dem Tisch das Geld zurück, das ich dem Wirt schuldete, und schaute mich ein letztes Mal in dieser blauen Dachkammer um, wo ich so lange gefangen gewesen war. Sie vibrierte von einer unsagbaren Musik.

DIE SCHLIMMSTE NIEDERLAGE BEI ALLEM IST
ZU VERGESSEN UND VOR ALLEM,
WORAN WIR VERRECKT SIND

Louis-Ferdinand Céline

Inhalt